ICH BIN die Violette Tara in Aktion

Unterricht in Meisterschaft

Peter Mt. Shasta

Bibliografische Information der Deutschen Nationalbibliothek:
Die Deutsche Nationalbibliothek verzeichnet diese Publikation in der Deutschen Nationalbibliografie; detaillierte bibliografische Daten sind im Internet über http://dnb.dnb.de abrufbar.

www.ich-bin-lehre.com
www.i-am-teachings.com

Titel der Amerikanischen Originalausgabe:
I AM the Violet Tara in Action
Übersetzung: Reinhold Köglmeier
Lektorat: Susanne Meyer
Umschlaggestaltung: Susanne Meyer

Herstellung und Verlag:
BoD – Books on Demand, Norderstedt

ISBN: 9783752647044

INHALTSVERZEICHNIS

VORBEMERKUNG

Die Violette Tara entstand im Winter 2019, als der Aufgestiegene Meister Saint Germain mit der Bitte erschien, ich solle Lehren über Sie herausbringen. In gewissem Sinne war dies Ihre Wiedergeburt, denn im China des 11. Jahrhunderts war Sie einer Gruppe eingeweihter Frauen als Göttin des Violetten Nebels bekannt.[1] Jedoch wurde die Kenntnis über Sie unter dem Patriarchat der chinesischen Aristokratie unterdrückt. Als jene Frauen, die die geheimen taoistischen Lehren zur Energiebewahrung praktizierten, in das Einssein mit dem Regenbogenkörper aufgestiegen waren, geriet das Wissen über die Göttin des Violetten Nebels in Vergessenheit.

Jedoch wurden diese alten Lehren über die Anwendung des Atems, der Energie, des Bewusstseins und der Konzentration, um die normalen Grenzen menschlicher Existenz zu transzendieren, auch in Indien und Tibet in den Lehren des Tantra (Sanskrit: *Vajrayana)* entwickelt und bewahrt. Saint Germain möchte nun diese Lehren, frei von alten kulturellen und religiösen Dogmen, der äußeren Welt vorstellen. Die tantrischen Lehren der Weißen, Grünen und Roten Tara wurden bereits von vielen der tibetischen Lamas gelehrt, die in die Welt ausgezogen sind und nach bestem Vermögen Anleitungen geben. Sie wurden allerdings durch die angeordneten Auflagen ihrer verschiedenen Abstammungslinien eingeschränkt; z.B. die Verfügung, die Lehren nur auf

---

1 *Immortal Sisters: Secret Teachings of Taoist Women.* Dt: *Das Tao der weisen Frauen: Der geheime weibliche Weg des Tao,* Aurinia, 2013.

tibetisch zu geben, und nur an jene, die im Buddha Dharma Zuflucht genommen haben, die Vorbereitungen (*Ngondro*) bestehend aus einhunderttausend Niederwerfungen sowie vier weiterer Übungen abgeschlossen haben, und fortgeschrittene Praktiken nur für jene im dreijährigen Retreat zu geben. Und das wäre nur der Anfang.

Viele tibetische Lehrer, vom Dalai Lama bis zu Trungpa Rinpoche, stimmen mit Tenzin Wangyal Rinpoche überein, der hier sagt, dass die lange verborgenen Lehren jetzt im Westen vorgestellt werden sollen. Es ist auch Saint Germains Wunsch, dass diese alten Lehren kommen sollen.

Manchen tibetischen Meister mag es befremden, dass ich diese Praktiken an Menschen aus dem Westen weitergebe, die sich nicht den vorbereitenden Übungen gewidmet haben oder nicht das für erforderlich erachtete Verständnis besitzen. Traditionell sind diese Lehren stets geheim gewesen, ... als eine Vorkehrung gegen ihre Verwässerung durch die Missverständnisse unvorbereiteter Praktizierender. Sie waren nie öffentlich oder leicht zugänglich ... aber die Bedingungen in unserer Welt haben sich geändert, und so versuche ich jetzt etwas anderes. Ich hoffe, dass die Tradition dadurch, dass ich sie offen und einfach darlege, leichter zu bewahren ist und mehr Menschen zum Nutzen gereicht.[2]

In dem Bestreben, die Selbst-Meisterung zu fördern,

2 Tenzin Wangyal Rinpoche, *The Tibetan Yogas of Dream and Sleep*. Dt.: *Übung der Nacht: Tibetische Meditationen in Schlaf und Traum*, Goldmann, 2008, S. 18.

habe ich die grundlegenden Lehren in *ICH BIN die Violette Tara, Göttin der Vergebung und Freiheit*, bereitgestellt. Das Buch wurde sofort ein Bestseller, was deutlich zeigte, wie groß das Verlangen der Menschen nach dem Wissen darüber ist, wie das innere heilige weibliche Bewusstsein in die äußere Welt gebracht wird..

Einführendes Wissen über das innere Gott-Selbst wurde in den 1930er Jahren von Saint Germain an Guy Ballard (Pseudonym: Godfre Ray King) übermittelt, und es wurde als die ICH BIN-Lehren bekannt. Es handelte sich ebenfalls um zeitlose vedische und taoistische Lehren, und sie wurden erstmalig in englischer Sprache vorgestellt, statt im traditionellen Sanskrit.

Es war meine Aufgabe, unter der Führung der Meister, die allmähliche Entfaltung dieser Lehren in moderner Fassung fortzusetzen, so dass sie von allen leicht verstanden und im Alltag angewendet werden können. Nach der Herausgabe des ersten Buches über die Violette Tara habe ich also zu ermitteln versucht, wie diese tantrischen Lehren breiter verfügbar gemacht werden können.

Als Antwort auf die Bitten von hunderten von Lesern gab ich eine Reihe von zehn Online-Webinars, und gründete auch eine private Violette Tara Facebook-Gruppe, um die Praktiken weiter zu erläutern. Dieses Buch ist eine Zusammenfassung dessen, was durch diese Internet-Seminare hervorgebracht wurde, und was die Teilnehmer von ihren Erfahrungen berichteten.

Teil dieser Violetten Tara Sangha (Gemeinde) zu sein, der aus diesen Bemühungen hervorging, war höchst ermutigend. Auch wenn der Sangha online stattfand, diente er doch als Vehikel zur Vermittlung der grundlegenden Wahrheiten: dass unser Bewusstsein uns alle miteinander verbindet, und dass die grundlegende Qualität des erleuchteten Geistes liebevolles Mitgefühl *(Bodhicitta)* ist.

Ich möchte all jenen danken, die bei der Hervorbringung der Violetten Tara geholfen haben. Dieses Buch ist im Besonderen das Ergebnis der Arbeit von Thomas und Christine Carlisle, CeeCee Clark, Juno Dawson, Kalee Gracse, Anita Kress und Zorra Victorya. Vielen Dank auch an jene, die ihre Erfahrungen mit der Violetten Tara online mit der Facebook-Gruppe *Violette Tara* geteilt haben. Einige ihrer Berichte werden hier vorgestellt.

Ein großer Teil in diesem Buch ist den zehn *Violette Tara-Webinaren* entnommen, die der Autor von Ende 2019 bis Anfang 2020 gegeben hat. Um die übertragene Energie während der Livegespräche, ICH BIN-Affirmationen und geführten Meditationen voll zu empfangen, lade die Audio-MP3-Dateien von der Internetseite des Autors herunter. Alle seine anderen Bücher und diversen Videos (in englisch) sind zum Download hier verfügbar: www.I-Am-Teachings.com.

VORWORT

Es ist ein großes Privileg, unser Vorwort für *ICH BIN die Violette Tara in Aktion* beizutragen. Wir fühlen uns gesegnet, Peter Mt. Shasta als einen spirituellen Lehrer und Freund zu kennen. Peter hat ein außergewöhnliches Leben gelebt, wie er es in seinen autobiographischen Büchern *Abenteuer eines Westlichen Mystikers: Band I und II* erzählt.

In diesen Bänden wie auch in seinen anderen Schriften werden Peters Integrität, seine Demut und seine spirituelle Adeptenschaft offenbart, während er dem Pfad der Selbst-Meisterschaft und des Einsseins mit seiner ICH BIN-Gegenwart unter der Führung von Saint Germain weiter folgt.

In seinem vorangehenden Buch, *ICH BIN die Violette Tara, Göttin der Vergebung und Freiheit,* stellte Peter die tantrischen Praktiken der Violetten Tara vor, die ihm von Saint Germain gegeben wurden, der ursprünglich die Lehre über die Violette Transmutierende Flamme in den 1930er Jahren herausgab. Dieses neue Buch, *Die Violette Tara in Aktion,* entstand während einer Reihe von Meditationen über die Violette Tara mit Schülern in der ganzen Welt, die von Peter Mt. Shasta in der Zeit von Oktober 2019 bis Januar 2020 in zehn Webinaren geleitet wurden.

In diesen Online-Zusammenkünften gab Peter fortgeschrittene buddhistische und vedische Lehren auf eine Weise, die moderne Sucher verstehen und in ihre regen Lebensgewohnheiten integrieren können, und stellte damit ein Mittel bereit, in höhere Bewusstseinszustände zu gelangen, um in unseren eignen Leben und für unseren Planeten eine wirkungsvolle Veränderung herbeizuführen.

Die Violette Tara ist in der Tat die Göttin der Vergebung und Freiheit. Sie verkörpert die Aktion der Violetten Flamme, und wir rufen Sie an, damit Sie uns auf der Erde in dieser Zeit der großen Veränderung hilft.

Sie löst negative Energien auf, wandelt die karmischen Folgewirkungen vergangener Handlungen um, gewährt uns Ihre bedingungslose Vergebung, befreit uns von der Illusion der Dualität, und hebt uns in eine höhere Schwingungsfrequenz.

Die Violette Tara-Praktik hilft dir auch, die Göttlichkeit in deinem Inneren zu erkennen. Mit dieser Praktik erschaffst du dich neu als Violette Tara – ein Aspekt deiner ICH BIN-Gegenwart – und wirst erfüllt mit Ihrem tiefen Mitgefühl und Ihrer umfassenden Liebe.

Peter erklärt einfach und prägnant, wie diese Praktik ausgeführt wird. Man könnte viele Jahre zu Füssen eines qualifizierten Lehrers zubringen, um die innere Essenz dieser Lehren aufzunehmen, aber Peter macht sie dem westlichen Aspiranten leicht zugänglich. Wie sind wir doch vom Glück begünstigt, jemanden zu haben, der im Westen geboren und aufgewachsen ist, und dieses Wissen und diese Erfahrung besitzt!

Wenn man an den Meditationen mit Peter teilnimmt, lernt man eine Seele kennen, die erfüllt ist mit liebevoller Güte und Geduld für jeden, der dieses Wissen sucht. Er demonstriert die göttliche Liebe und Meisterschaft, die die Aufgestiegenen Meister gelehrt haben. Er hilft uns, die ganze Kraft Gottes zu erschließen, was unser Geburtsrecht ist, um der Erde zu helfen.

Indem wir uns mit gleichgesinnten Menschen überall auf dieser gesegneten Erde verbinden, gehen wir vereint, und üben Barmherzigkeit und Vergebung. Das Wissen, dass eine Gemeinschaft gleichgesinnter Menschen diese Praktik in der ganzen Welt ausführt, schafft eine fortlaufende *Sangha*, eine Gemeinschaft von Brüdern und Schwestern, die unsere persönliche und gemeinsame spirituelle Arbeit verstärkt.

Die persönlichen und schöpferischen Wege, zu denen wir bei dieser Arbeit eingeladen sind, werden nur durch unsere Vorstellungskraft begrenzt. Peter wie auch Padmasambhava haben dargelegt, dass es nur einen Weg gibt, die Violette Tara Meditation auszuführen, nämlich sie sich zu eigen zu machen. Indem wir das Muster verwenden, das er gegeben hat, können wir diese Arbeit auf der Basis jeder spirituellen Praxis bewerkstelligen, die wir bereits anwenden. Es ist unsere Hoffnung, dass alle Schüler von Saint Germain die Violette Tara Meditation in ihre eigene vorhandene Praktik aufnehmen, und sie zu ihrer ganz eigenen besonderen Darbringung machen.

Wir beten dafür, dass wir gemeinsam unsere Verbundenheit untereinander wie auch die mit unserem Gott-Selbst festigen. Wir mögen feststellen, dass es jene sind, die wir vorbehaltlos lieben und denen wir vorbehaltlos vergeben, die unsere eigene Seele wiederherstellen.

Thomas und Christine Carlisle

15. März 2020

14

KAPITEL I

Grundlagen der ICH BIN-Lehren

Die tantrischen Lehren in diesem Buch sind nicht etwas, das ich erfunden habe; es sind Lehren, die so alt sind wie die Menschheit, und die von verschiedenen Menschen zu verschiedenen Zeiten gelehrt wurden.

Der Zweck tantrischer Lehren ist, dass du verstehst, wie dein Geist funktioniert, und wie du Meister über ihn wirst. Wenn du Meisterschaft erlangt hast, kannst du dann anderen helfen. Dies erfordert die Entwicklung der Fähigkeit zur Vergebung und die Entwicklung von Mitgefühl, welche die Domäne der weiblichen Energie der Violetten Tara sind.

Die Absicht dieses Buches ist es, die Lehren und Meditationen weiter zu verbreiten, die Vergebung und Mitgefühl hervorbringen, indem die Violette Tara – die eine Ausstrahlung deines Gott-Selbst ist – erschaffen wird. Sie ist auch eine Manifestation des weiblichen Aspektes der Violetten Verzehrenden Flamme – eine von Saint Germanin gelehrte Aktivität, unter Zustimmung des Maha Chohan.

Der Kern der Lehren, die Saint Germanin Godfre Ray King in den 1930er Jahren gab, war:

Gott ist dein Höheres Selbst

Viele von uns sind mit einem Bild von Gott als altem Mann mit weißem Bart aufgewachsen, wie Michelangelo es an die Decke der Sixtinischen Kapelle im Vatikan gemalt hat. Mit dieser Vorstellung von Gott sind viele von uns aufgewachsen. In Indien und Tibet wuchsen die Menschen mit vielen verschiedenen Göttern und Göttinnen auf. Diese Menschen wissen allerdings auch, dass diese Götter Aspekte ihres eigenen Bewusstseins sind. Das Wahre Selbst ist dein *Atman*, was Okkultisten die Monade nennen, und Tibeter als *Dharmakaya* bezeichnen, und das ich als ICH BIN-Gegenwart bezeichne.[3]

Ganz gleich, wie du zu Gott stehst, die Göttliche Essenz ist in dir ebenso gewiss, wie jeder Sonnenstrahl die Essenz der Sonne enthält, und jeder Tropfen des Ozeans die Essenz des ganzen Ozeans in sich hat.

Diese ICH BIN-Gegenwart existiert über dir in einem mehr ätherischen Bereich, ist jedoch als ein ätherischer Brennpunkt etwas rechts vom Brustbein verankert, und wird die Ungespeiste Flamme (Sanskrit: *Jyoti)* genannt. In altertümlichen Bildern wurde diese als strahlendes Licht in der Mitte der Brust dargestellt, wie in der Darstellung der Mutter Maria mit dem Unbefleckten Herzen (Abbildung S. 128). Es ist unbefleckt, weil es der Brennpunkt Gottes ist, unberührt von Gedanken oder dem Ego. Dieses Bewusstsein ist es, zu dem du in der Meditation gelangen kannst.

Bringe deine Aufmerksamkeit an jenen Ort, wo dein Höheres Selbst verankert ist. Dort kontaktiere Gott. Das ist das Göttliche Mikrofon, durch das Gott jeden Deiner Gedanken und jedes Gefühl hört. Denke nicht, Gott sei weit entfernt, denn dein Herz könnte nicht schlagen und deine Lungen nicht atmen ohne Gott.

---

3 Peter Mt. Shasta, *In Tibet auf der Suche nach dem geheimnisvollen wunscherfüllenden Juwel,* BoD 2017, S. 91.

Der nächste Schritt in den Lehren von Saint Germain ist dieser:

Gott handelt, wenn du sagst, „ICH BIN"

Dies ist eine alte Lehre, die in Indien gut bekannt ist. Im Sanskrit bedeutet *Aham Brahmasmi*, „ICH BIN Brahman (Gott)". Der Gebrauch von ICH BIN-Affirmationen gründet auf der vedischen Wissenschaft der Schwingung, die sich in Form der Mantra-Rezitation niederschlägt. Welche Worte auch immer mit der Schwingung Gottes verbunden werden, kommen ins Dasein. Wenn du also das Ego in der Meditation transzendierst und sagst, „ICH BIN", rufst du dein Höheres Selbst zur Aktion auf.

Der nächste Schritt ist die Erkenntnis, dass du Selbst-Meisterschaft nicht irgendwo anders erreichst.

Der Weg zur Meisterschaft beginnt Hier und Jetzt

Wir sind unbegrenzte Gott-Wesen, die in den Bereich der physischen Erde gekommen sind, um etwas zu erfahren, etwas zu lernen, das nur in der Dualität erfahren werden kann. Folglich kannst du Erleuchtung nur erlangen, wenn du zuvor Unwissenheit erfährst.[4] Du kannst Güte nur verstehen, wenn du zuvor das Böse erfahren hast. Du kannst Gehorsam nur verstehen, wenn du zuvor in Ungehorsam gehandelt hast. Gott will keine Sklaven, sondern

---

4 Buddhisten sagen, dass *Samsara* (Täuschung) und *Nirvana* Erleuchtung) zwei Seiten der selben Medaille sind.

Menschen, die verstehen, was vor sich geht und die für sich Verantwortung übernehmen.

Wir müssen also erkennen, dass wir im Leben dort sind, wo wir sind, als Ergebnis unserer eigenen Handlungen, resultierend aus den Entscheidungen, die wir in diesem oder in früheren Leben getroffen haben. Dies zu erkennen, heilt uns von der Opferrolle – von dem Gefühl, jemand anderes sei für unsere Lage verantwortlich. Hier beginnt der Pfad, und zwar mit der Erkenntnis, dass du hier an diesem Punkt in Raum und Zeit bist, weil du dich dazu entschieden hast, dort zu sein.

Ich beschuldige niemanden

Dieses Wissen erlaubt uns, an uns selbst zu arbeiten, und nicht bei einem anderen die Ursache oder die Lösung unserer Probleme zu suchen. Wir brauchen niemand anderen, der für uns etwas tut, bevor wir Fortschritte machen können. Der Weg beginnt vor deinen eigenen Füssen. Dort, wo du gerade stehst, beginnt dein Weg.

KAPITEL II

Grundlegende Lehren
Meditation

Sitze still und mit geradem Rücken, entweder am Boden mit gekreuzten Beinen, oder auf einem Stuhl mit ungekreuzten Beinen und mit den Füssen flach auf dem Boden. Du kannst deine Augen entweder ganz oder teilweise schließen, und nach unten schauen. Halte deine Zungenspitze gegen den Gaumen, um die Zirkulation des feinen Energieflusses zu schließen. Richte deine Aufmerksamkeit nach innen, und beobachte das Heben und Senken deiner Brust, das Einatmen und Ausatmen. Es gibt keine Anspannung, beobachte einfach die Atmung, die wie ein Mantra wirkt, um deine Aufmerksamkeit konzentriert zu halten. Sollten Gedanken aufkommen, bezeichne sie als „Gedanken", und wende dich wieder der Beobachtung des Ein- und Ausatmens zu.

Allmählich wird sich dein Geist beruhigen, und du wirst feststellen, dass es einen stillen, nicht-konzeptuellen Raum im Vorgang des Denkens gibt. In diesem Augenblick magst du erkennen, dass es einen Denker gibt, und noch etwas anderes, etwas, das die Gedanken betrachtet.

Was ist das?
Im Sanskrit heißt es *Tata Twam Asi:* **Du bist das!**
Meditiere darüber!

Werde das „ICH BIN"

Schließe deine Augen, beruhige deinen Geist und richte deine Aufmerksamkeit ins Zentrum deiner Brust, wo die Gott-Gegenwart verankert ist. Sage still zu dir selbst, „Ich...Ich...Ich", und fühle, was geschieht. Es führt dich nach innen und nach oben in dein Gott-Selbst. Das Meditieren über dieses „Ich" verankert dich im Gott-Bewusstsein des Vaters und des Göttlichen Willens.

Öffne nun deine Augen und sage, „Bin". Aus deinem Herzen sage, „Bin." Dies ist das Gott-Bewusstsein der Mutter, das die Aktion des „Ich" mit Göttlicher Liebe freigibt.

Diese einfache Meditation ruft die Kraft des „Ich"-Bewusstseins durch das „Bin"-Bewusstsein in die Welt.

„Ich" mit „Bin" kombiniert, ist Wille und Kraft kombiniert mit Liebe. Diese zwei Prinzipien arbeiten durch das Feld der Erfahrung zusammen und führen zu Weisheit. Dies ist die Aktivität von Gott dem Vater mit Gott der Mutter, um das Göttliche Kind zu erzeugen, das Weisheit ist.

Was immer du nach „ICH BIN" sagst, bringst du in die Welt hinein. Daher achte darauf, was du sagst und was du denkst, denn das ist es, was du erschaffst.

Der Göttliche Direktor

Jeden Morgen nach dem Aufwachen, schau ich als erstes hinauf zu meiner ICH BIN-Gegenwart. Ich sehe sie normalerweise nicht, aber ich weiss, dass Sie da ist. Ich sage:

ICH BIN der Große Göttliche Direktor meines Tages.

Der Göttliche Direktor ist wie der CEO eines Unternehmens, und es ist dein Unternehmen, dein Leben. Es gibt einen Meister, bekannt als „Großer Göttlicher Direktor", und seine Aufgabe ist es, dich zum Großen Göttlichen Direktor deiner selbst zu erwecken.

Rufe deinen Großen Göttlichen Direktor jetzt gleich an. Stell dir eine Sonne in der Mitte deiner Brust vor und fühle:

ICH BIN der Große Göttliche Direktor meines Lebens,

meines Wesens, und meiner Welt.

Indem du fortwährend fühlst, „ICH BIN die Gegenwart des Großen Göttlichen Direktors in meinem Leben, meines Wesens und meiner Welt", strahlt dies aus, und beeinflusst nicht nur dein Leben, sondern das Leben aller Menschen um dich herum. In welcher Stadt du dich auch befindest, du rufst den Großen Göttlichen Direktor für jeden an. Du rufst ihn für den ganzen Planeten an.

Manchmal sage ich:

ICH BIN der Große Göttliche Direktor

aller Regierungen auf der Erde.

Kannst du dir das vorstellen? Kannst Du die Macht dessen fühlen?

ICH BIN der Große Göttliche Direktor
meines Unternehmens.

ICH BIN der Große Göttliche Direktor
aller meiner Beziehungen.

Für weitere Affirmationen zum Anrufens des Großen Göttlichen Direktors, siehe mein Buch, *ICH BIN-Affirmationen und das Geheimnis ihrer erfolgreichen Anwendung,* das Affirmationen für jeden Aspekt deines Lebens enthält.

Empfange, was Gott Geben Will

Als ich diese Lehren zum ersten Mal entdeckte, experimentierte ich, indem ich für alle möglichen Dinge anrief. „Ich möchte dieses." „Ich möchte jenes." Als ich sie bekam, erkannte ich aber, dass sie nicht wirklich hilfreich waren. Sie waren nicht wirklich von Nutzen. Also sagte ich, „Lieber Gott, bitte zeige mir, was Du willst, dass ich haben soll." Du kannst darum bitten, dass dir gezeigt wird, was du erschaffen willst.

ICH BIN die Gegenwart, die mir zeigt, was ich erschaffen soll.
ICH BIN die Gegenwart, die mir zeigt, was der nächste Schritt ist.*

---

* Im Englischen heißt es: I Am being shown what to create. I Am being shown the next step. (Mir wird gezeigt, …) Gemäß der Deutschen Grammatik müssen wir, wenn wir die Göttlichen Kraft-

Wenn du also nun sagst, „ICH BIN", wirst du nur erschaffen, was in Harmonie mit der Göttlichen Schwingung ist. Du erschaffst nicht länger aus dem Ego heraus. Versteh mich nicht falsch, das Ego ist keine schlechte Sache; es ist tatsächlich ein wertvolles Werkzeug, das uns hilft, in der Welt zu funktionieren. Nur lass dir von ihm nicht die Richtung vorschreiben.

Deine Aufgabe ist, dich mit deinem Ego vertraut zu machen und es zu erziehen, wie du einen kleinen Hund erziehen würdest. Ein kleiner Hund will hierhin und dorthin laufen. Doch nach einiger Zeit wirst du ihn dazu erzogen haben, neben dir herzugehen. Das Ego erziehst du dazu, es genauso zu tun. Du erziehst dein Ego dazu, deiner ICH BIN-Gegenwart zu gehorchen. Du erziehst es dazu, ruhig neben dir zu gehen, statt dich in alle Richtungen zu ziehen und zu zerren.

Das Karussell Fahren

Ich möchte dir ein Bild zur Veranschaulichung anbieten, das hilfreich ist, dein eigenes Ego und seine Funktionsweise zu verstehen. Stell dir vor, du bist auf einem Rummelplatz und fährst auf einem Karussell. Wenn du von dem Karussell wegschaust, siehst du alle möglichen anderen Verlockungen. Du siehst andere Karussells, in denen du mitfahren kannst. Du siehst Menschen in Autoskootern fahren, und wie sie lachen, wenn sie zusammenstoßen. Du siehst

Worte ICH BIN gebrauchen wollen, etwas elaborierter formulieren.

ein großes Riesenrad, das hoch hinaufgeht, und eine Schießbude, wo du versuchen könntest, einen Preis zu gewinnen. Dann siehst du Menschen, wie sie etwas von den vielen Imbissbuden essen, die Eis verkaufen, Würstchen, Zuckerwatte und andere Naschereien.

Dies ist ein gutes Sinnbild für unsere Welt. Wir gehen durch das Leben wie wenn wir auf einem Karussell fahren, und all die Verlockungen der Welt sehen. Manche wollen wir haben, andere nicht. Die Buddhisten nennen es die Acht Weltlichen Dharmas. Es gibt vier Dinge, zu denen wir uns hingezogen fühlen: Freude, Ruhm, Lob und Gewinn; und vier Dinge, die wir meiden: Verlust, Schmerz, Tadel, und einen schlechten Ruf.

Eine weitere Sache, die uns auf unserer Karussellfahrt widerfährt, ist, dass man uns sagt, „Versuche den Hauptgewinn zu holen." Wenn du einen dieser Ringe erwischen kannst, bekommst du eine Freifahrt. Aber der Versuch, einen der Ringe zu erwischen, erhöht das Risiko, herunterzufallen und dich zu verletzen. Betrachte dies als eine weitere Metapher für das Leben. Wir streben und reichen und greifen immer nach irgendetwas 'dort draußen'.

Statt nach all den anderen Attraktionen zu schauen oder nach dem Hauptlos zu greifen, gibt es eine andere Option. Wenn du auf dem Karussell fährst, kannst du zur Mitte des Karussells schauen. In der Mitte wirst du eine bespiegelte Säule sehen, die das Karussell verankert und stabilisiert. Und durch die Verspiegelung siehst du, wenn du zur Mitte des Karussells schaust, dich selbst.

Wenn du also zur Mitte hin schaust, wendest du deine Aufmerksamkeit von all den Ablenkungen, die außerhalb des Karussells umherwirbeln, ab, und du schaust auf dich selbst. Du denkst nicht länger daran, wie du einen Hauptgewinn ergattern kannst, du schaust auf dich selbst.

Das tust du in der Meditation; zieh deine Aufmerksamkeit ab von den Anziehungen und Aversionen, den Freuden und Schmerzen, all den Belangen des Ego, und fühle die Stille und das Einssein, das deine Persönlichkeit transzendiert. Dann wirst du erkennen, dass du schon erleuchtet bist. Dieses Erleuchtetsein ist deine wahre Natur. Du bist Eins mit Jesus, mit Maria, mit Saint Germain, mit der Violetten Tara. Du bist Eins mit all den Meistern. Du bist Eins mit Gott.

Der Beobachtende werden

Wenn du kontinuierlich Meditation übst, wirst du nach einiger Zeit gewahr werden, dass das Selbst, mit dem du dich identifizierst, nicht dein reales Selbst ist. Es ist das Selbst, das programmiert wurde.

Als heranwachsendes Kind hast du erkannt, dass du ein Ego entwickeln musst, um dich zu behaupten. Ich erinnere mich, dass ich dies bewusst getan habe, als ich sehr jung war. Ich fühlte mich völlig wehrlos, also schaute ich den anderen Kindern zu, was sie taten. Ich beobachtete bestimmte Persönlichkeitsmerkmale, und dachte, „Hm, das funktionierte bei diesem Kind, vielleicht funktioniert es für mich auch." Also baute ich mir ein Ego auf, um zu lernen, mit der Welt umzugehen.

Du musstest vielleicht vorgeben, tough zu sein, weil andere Kinder versuchten, dich herumzuschubsen. Vielleicht hat man dir gesagt, du musst hübsch sein oder stattlich, oder auf eine bestimmte Art gekleidet sein. Du wurdest gelobt oder belohnt, wenn du diesem Muster entsprochen hast. Wir lernen also all diese Ego-Eigenarten, um in der Welt zu überleben. Wir spielen eine Rolle, und wir finden heraus, was funktioniert und was nicht.

Das einzige Problem ist, dass wir nach einiger Zeit anfangen, uns mit dieser Rolle und diesen Eigenarten zu identifizieren, und wir fangen an zu glauben, das sei unser wirkliches Selbst. Der Zweck von Meditation ist es, dir zu helfen, diese erfundene Rolle, die wir Ego nennen, zu transzendieren. Es steht immer noch als Werkzeug zur Verfügung, um uns zu helfen, in der Welt zu funktionieren, aber wir müssen lernen, dass das Ego nicht das ist, was wir wirklich sind.

Ein Meister werden

In der Meditation gibt es einen Ort, an dem Du kein Selbst erlebst, wo du vollständig in die Einheit eintauchst, aber du kannst von dort aus nicht in der Welt funktionieren. Da gibt es diese großen Heiligen wie Ramakrishna, die in diesen Zustand des Einsseins gingen, und es musste jemand für sie sorgen, weil sie nicht selbst für sich sorgen konnten. Du magst diesen Zustand des Einsseins für einige Augenblicke erreichen und reine Glückseligkeit finden, aber du kannst in diesem Zustand kein Auto fahren, oder zur Arbeit gehen, um deinen Lebensunterhalt zu verdienen.

Der Prozess, Meisterschaft zu erlangen, ist es, zu lernen, in das Einssein eingestimmt zu sein, während du deines Ego gewahr bist, und in Harmonie mit der Welt bleibst. Diese Fähigkeit, ein Betrachter des Selbst zu sein, ist essentiell für die Meisterschaft. Es ist eine Art 'Nicht-Meditation' (Im Sanskrit *Maha Ati genannt,* im Tibetischen *Dzogchen),* was Meditation mitten im Leben bedeutet.

Disziplin zur Erlangung der Meisterschaft

Als ich Saint Germain fragte, „Welchen Preis soll ich für das Buch *ICH BIN die Violette Tara* berechnen?", hörte ich, „Zwölf Dollar und vierunddreißig Cent." Ich dachte, „Das ist ein komischer Preis. Warum soll ich gerade diesen verlangen?" Als ich ihn aufschrieb, sah ich 12,34 Dollar, und verstand die Lektion, dass man, wenn man in die Schule geht, mit der ersten Lektion beginnt, dann zur zweiten geht, zur dritten und vierten, und so fort. Dasselbe gilt für die Erlangung von Meisterschaft. Du fängst mit einer grundlegenden Meditation an, gehst dann zum nächsten Schritt, und weiter zum nächsten, und wirst auf diese Weise stetig erfahrener. Darum geht es bei der Meisterschaft. Du springst nicht umher. Du nimmst nicht eben mal an einem Webinar teil, und wirst dann Meister. Es erfordert Zeit, Hingabe, und den Fokus auf eine Sache zur Zeit, die man in der richtigen Ordnung tut.

Ein Tibeter würde mit dir nicht einmal über die Lehren in diesem Buch sprechen, bevor du nicht die vorbereitenden Übungen, die *Ngondro,* abgeschlossen hast. Die erste vorbereitende Übung ist einhunderttausend Niederwerfungen zu machen. Wenn du jeden Tag nichts anderes machst als diese Niederwerfungen, kannst du sie innerhalb von drei bis sechs Monaten bewältigen. Es gibt vier weitere Übungen, die ebenfalls jeweils einhunderttausend Wiederholungen erfordern.

Es ist ein langwieriger Prozess, und die tibetischen Lamas würden die Dinge, die in ich diesem Buch beschreibe,
nicht lehren, bevor der Schüler alle abgeschlossen hat. Sie
haben Bedenken, diese Lehren an die westlichen Menschen
zu geben, denn sie kennen unsere Neigung, eine Sache aus-
zuprobieren, und wenn sich nicht gleich ein Erfolg einstellt,
zu etwas anderem überzugehen. Wir neigen dazu, uns
durch Dinge ablenken zu lassen, z.b. durchs Fernsehen, ins
Cafe gehen, Freunde treffen, oder wir bekommen von jemandem eine SMS, usw. Unser westlicher Lebensstil neigt
dazu, unseren Geist ständig am Rotieren zu halten.

Wenn du Fortschritte machen willst, dann musst du dich
hinsetzen und an deiner Meisterschaft arbeiten. Du musst
keine einhunderttausend Dinge tun, bevor du beginnst. Du
kannst heute an deiner Meisterschaft arbeiten, indem du
diese Lektionen lernst, und die Meditationen machst, die in
diesem Buch vorgestellt werden. Nimm eine Stufe nach der
anderen, und freue dich während der Reise.

Fragen und Antworten zu Kapitel II

F: Ist es gut, die ICH BIN-Gegenwart für Gesundheit
und Reichtum zu beanspruchen, oder nur zur Erfüllung des
Willens Gottes? Ist es selbstsüchtig, die ICH BIN-Gegenwart für Gesundheit und Reichtum zu beanspruchen?

P: Nein, es ich nicht selbstsüchtig, die ICH BIN-Gegenwart für Gesundheit und Reichtum zu nutzen. Gott will
nicht, dass du darbst oder leidest. Gott will, dass wir alle ge-
sund sind und gut versorgt sind; auch wenn es gelegentlich
bestimmte Lektionen zu lernen gibt, deretwegen wir hier
sind. Und bedenke, dass Gott nicht immer den geraden

Weg geht. Ich habe einmal Wasser aus dem Ganges getrunken, weil ich dachte, dass es im Sinne Gottes war. Es kostete mich einige Jahre, um mich von dieser Erfahrung zu erholen; was ich allerdings daraus gelernt hatte, brachte mich letztendlich in Kontakt mit meiner ICH BIN-Gegenwart. Kein gerader oder angenehmer Weg, dahin zu gelangen, aber sehr lohnend.

Als ich an der Ostküste der USA aufwuchs, kannte ich sehr reiche Leute, denen multinationale Konzerne gehörten, und nicht einer von ihnen war glücklich. Alle fürchteten um die Preise ihrer Aktien, oder ob es einen Streik geben könnte oder eine Regierungsverordnung. Wenn du Reichtum willst, ist die wichtige Sache zu sagen, „Lieber Gott, zeig mir den richtigen Weg, wie ich Fülle erlange."

Fülle ist nicht notwendigerweise ein Geldbetrag. Reichtum führt nicht zum Glücklichsein. Die Art von Reichtum, die zum Glücklichsein führt, ist die, bei der du in der Lage bist, anderen zum Gedeihen zu verhelfen, also affirmiere ich:

ICH BIN die Fülle Gottes, manifestiert in meinen Händen,

verwendet zum Nutzen der Menschheit.

Auch wenn ich immer so viel hatte, wie ich für den Moment brauchte, gab es auch Zeiten, wo ich sehr wenig hatte, was für die Lektion, die ich in solchen Situationen brauchte, immer optimal war.

F: Wenn man sich auf die ICH BIN-Gegenwart konzentriert, ist es trotzdem notwendig, zu visualisieren, was man sich wünscht, beispielsweise eine bestimmte Arbeitsstelle oder den konkreten Wunsch? Mit anderen Worten, wenn man sich nur auf seine ICH BIN-Gegenwart konzentriert, und nicht visualisiert oder bewusst versucht, zu manifestieren, ist das in Ordnung?

P: Wenn du auf die ICH BIN-Gegenwart meditierst, dann wirst du an einem bestimmten Punkt Führung bekommen. Die Führung kann in Form einer Idee zu dir kommen. Durch die Bildung einer engen Beziehung zu deiner ICH BIN-Gegenwart kann Führung in jedem Augenblick durch dein Herz kommen. Es kann passieren, dass du nach dem Meditieren über die ICH BIN-Gegenwart auf der Straße entlang gehst und die Führung bekommst, in die andere Richtung zu gehen, oder dies oder jenes zu tun. Die ICH BIN-Gegenwart wird dir automatisch Führung geben. Es mag auch hilfreich sein, zu sagen:

ICH BIN, trete hervor, in mir und durch mich, den ganzen Tag.
Verwirkliche den Göttlichen Plan in allen Aktivitäten.

Als in mir der Impuls aufkam, Webinare zu veranstalten, sagte ich:

Die ICH BIN Gegenwart in mir zeigt mir, wie ich es tun soll.

Ich probierte einige Softwareanwendungen und wurde zu einer ganz bestimmten hingeführt. Der Punkt ist der, wenn du einmal die Führung bekommst, eine Aktivität zu beginnen, dann ist es gut, deine ICH BIN-Gegenwart anzurufen, und Sie zur Aktion aufzurufen.

Ich würde vorschlagen, du wählst eine Zeit aus, täglich, wann du über deine ICH BIN-Gegenwart meditierst und Ihre Nähe fühlst. Praktiziere dies so oft wie möglich. Manche Leute entwickeln die Gewohnheit, mit ihrer ICH BIN-Gegenwart zu sprechen. Meine Lehrerin Pearl konnte sich mit ihrer ICH BIN-Gegenwart unterhalten. Sie konnte ihr eine Frage stellen, und erhielt prompt eine Antwort.[4] Wenn du diese Art von Beziehung zu deiner ICH BIN-Gegenwart entwickelst, musst du nicht ins Internet gehen und etwas in das Suchfeld eingeben, denn du bekommst alle Antworten, die du brauchst, wenn du dich mit deiner ICH BIN-Gegenwart unterhältst.

4   Um mehr über Pearl zu erfahren, siehe mein Buch, *Lady Master Pearl: In Erinnerung an meine Lehrerin Pearl Dorris*, BoD, 2016.

KAPITEL III

Es ist die Vergebung, durch die wir Freiheit und Meisterschaft erlangen. Das Festhalten an Zorn und Feindseligkeit gegenüber einer anderen Person oder Situation bindet uns an diese Person oder Situation, während wir negatives Karma erschaffen, das wir später auflösen müssen. Deshalb ist es wichtig, alle Angelegenheiten anzuschauen, bei denen wir an alten Wunden festhalten.

Als Göttin der Vergebung kann die Violette Tara helfen, diese Angelegenheiten zu bearbeiten. Das Wort 'vergeben' (forgive) setzt sich zusammen aus 'ver' [was auch 'vor' bedeutet; d. Übers.] und 'geben'. Vergebung bedeutet, jemandem die Gelegenheit zu geben – zugunsten deines eigenen persönliches Wachstums – das zu tun, was immer er dir verletzendes angetan hat. Das bedeutet nicht, dass du andere Menschen dazu einlädst, dich zu verletzen. Es bedeutet, dass du anerkennst, dass du dort bist, wo du sein sollst, an diesem Punkt im Raum und Zeit, nicht durch Zufall, sondern als Folge deiner früheren Entscheidungen und Handlungen – entweder in diesem oder in vergangenen Leben.

Du hast ein Abkommen getroffen, zu dieser Zeit zur Erde zu kommen, um mit Menschen in Beziehung zu stehen, die ihrerseits zugestimmt haben, in deinem Drama mitzuspielen. In deinem Leben werden verschiedene Menschen zu verschiedenen Zeiten erscheinen; manchmal als Freund, als Liebhaber, als Feind, vielleicht auch nur als jemand, der deine 'Knöpfe drückt', der dich herausfordert. Ein altes Sprichwort sagt, „Wenn du glaubst erleuchtet zu sein, gehe eine Beziehung ein." Wenn du mit jemandem zusammen bist, den du liebst, von dem du angezogen wirst, mit ihm zusammen zu sein, werden mit Sicherheit Herausforderungen auf dich zukommen.

Es obliegt jedem von uns, schwierige Situationen anzuschauen und sich zu fragen, „Was zeigt mir das über mich selbst?" Wenn ich gegenüber jemandem eine negative Reaktion erlebe, so weiß ich, diese Person zeigt mir etwas über mich selbst. Man sagt, wenn du mit dem Finger auf jemanden zeigst, dann zeigen drei Finger auf dich zurück. Das ist absolut wahr. Wenn du also eine negative Reaktion gegenüber jemandem verspürst, schau, was in dir der Handlung des anderen entspricht, statt die andere Person verändern zu wollen.

Ich glaube, die meisten von uns verspüren täglich negative Reaktionen auf andere Menschen oder Situationen. Wenn das geschieht, ist es wichtig zu sagen, „Ich übernehme die Verantwortung für diese Situation." Ich bin freiwillig hier, und die andere Person ebenso. Ich vermag sie nicht zu ändern, aber ich kann meine Reaktion ändern. Dort liegt die Freiheit. Deshalb ist die Violette Tara auch die Göttin der Freiheit. Solange du diese Reaktionen gegenüber anderen Menschen hast, kannst du nicht frei sein, weil du durch diese emotionalen Reaktionen gebunden bist.

Worauf deine Aufmerksamkeit ruht, das erweckst du zum Leben

Wir werden jeden Tag vor die Wahl gestellt, worauf wir unsere Aufmerksamkeit richten sollen. Es ist diese Macht der Aufmerksamkeit, die unsere Leben erschafft, unsere Gefühle, womit wir sympathisieren, und in welcher Weise es uns beeinflusst. Ich hatte einmal Freunde, die Rot für etwas Böses hielten; wenn sie mich also mit einem roten Auto fahren sahen, wichen sie entsetzt zurück und dachten, das sei etwas Böses. Sie konnten nicht mal sehen, dass es ihr Freund war, der da fuhr. Sie erschufen Rot als etwas Böses, und dem entsprechend lebten sie ihr Leben.

Worauf deine Aufmerksamkeit liegt, das erschaffst du. Deshalb ist es äußerst wichtig zu entscheiden, worauf du deine Aufmerksamkeit richtest. Wenn deine Aufmerksamkeit ständig auf politischen Verschwörungen liegt, lebst du in einer Welt, die davon bestimmt wird, welche Nachrichten du liest, oder was der Nachrichtenkommentator sagt. Da wir unsere Aufmerksamkeit auf irgendetwas richten müssen, ist es besser, sie auf unsere ICH BIN-Gegenwart gerichtet zu halten, auf einen Gott oder eine Göttin. Es liegt ganz bei uns, was wir in unser Leben hereinrufen wollen.

Wenn du die Violette Tara anrufst, wandelst du dein Karma um, du wandelst Gifte in deinem Körper um, du erhebst dich in eine höhere Schwingungsfrequenz. Irgendwelche negativen Gedanken, die du über dich hast, werden von der violetten Flamme der Violetten Tara verbrannt.

Violette Tara Meditation I

Schließe deine Augen und richte deine Aufmerksamkeit in die Mitte deiner Brust, wo dein Gott-Selbst verankert ist. Sei ruhig und beobachte das Heben und Senken deiner Brust, das Einatmen und Ausatmen. Es gibt keine Anspannung, beobachte einfach die Atmung, die wie ein Mantra funktioniert, um deine Aufmerksamkeit zu konzentrieren. Lass die Vergangenheit los. Lass die Zukunft los. Versuche nicht, irgendetwas zu verstehen. Sei einfach ganz in deinem Körper und im gegenwärtigen Augenblick. Fühle in der Mitte deiner Brust diese Art Wärme, empfinde sie als das Gefühl der Liebe, ein gold-rosa Glühen. Wenn ein Gedanke aufkommt, benenne ihn einfach als Denken und lass ihn los. Komm einfach zurück in die Beobachtung dieser Energie in der Mitte deiner Brust. Es ist eine Art empfindsame Stelle. Es ist eine Stelle, von der wir uns womöglich versuchen abzuwenden, weil dort manchmal Kummer sitzt, aber wir müssen diesen nicht als solchen etikettieren. Fühle dort einfach Gottes Liebe für dich. Hier ist deine Gottes-Flamme verankert. Du könntest nicht einen Atemzug tun, ohne diese Flamme, so bist du jede Sekunde mit Gott verbunden. Du musst dich nicht anstrengen, um mit Gott verbunden zu sein. Gott kennt alle deine Gedanken, Gefühle und Emotionen, und verursacht tatsächlich, dass du atmest. Du könntest deinen nächsten Atemzug nicht tun ohne Gott, also, sei einfach dankbar dafür, während du in diesem Bewusstsein verweilst.

Erbitte von Saint Germain die Ermächtigung der Violetten Tara:

Geliebter Meister Saint Germain,
bitte ermächtige die Violette Tara in meinem Leben,
augenblicklich, vollkommen eigenständig,
eine lebendige Göttin zum Wohle aller.
Oh, große Violette Tara, Geliebte Göttliche Mutter,
Du, die Du eine Ausströmung des Lichtes aus dem Herzen
der Schöpfung bist, mit dem Eins ICH BIN, ich flehe dich
an. Ergieße Dein Violettes Feuer der Reinigung in meinen

Geist, meine Gefühle und meine Welt. Reinige und verwandle,

wo immer Reinigung in diesem Augenblick nötig ist.

Danke! Ich weiß, es ist schon getan.

Während wir Sie angerufen haben, ist eine Violette Lichtsäule niedergekommen. Sieh, wie diese Göttin in der Atmosphäre erscheint und aus einer Kugel aus violettem Licht, mit rosa-goldenen Schein im Zentrum, hervortritt. Sie wird mehr und mehr sichtbar, und nimmt vor dir die Form einer schönen Gottes-Mutter in violetten Gewändern an. Mit großer Liebe und großem Mitgefühl nickt und lächelt Sie jedem von uns zu. Fühle einfach, wie Ihre Liebe in Form von wunderschönen Strahlen violetten Lichts von Ihrem Herzen in dein Herz strömt. Sie hält dir Ihre Hände entgegen, und aus Ihren Handflächen strömen violette Lichtstrahlen in dich hinein, und in deine Hände. Allmählich kommt Sie näher, und du sagst zu Ihr:

Geliebte Tara, ich bitte Dich,

werde Eins mit mir.

Während die Schwingungsfrequenz unserer Körper zunimmt und wir mit immer mehr Licht erfüllt werden, beginnen auch wir in Violettem Licht zu schimmern. Sie wird nun so leuchtend, dass wir kaum noch Ihre Form sehen können. Sie ist nun eine Violette Lichtkugel, wie ein Amethyst, mit einer Sonne in der Mitte. Plötzlich löst Sie sich auf, und diese Lichtstrahlen gehen in unsere eigenen Herzen. Sie tritt in unsere Herzen ein. Ihre Essenz und deine

Essenz verschmelzen.

Nun affirmiere und fühle:

ICH BIN die Violette Tara.

Fühle, wie es ist, Sie zu sein. Fühle, wie mächtige Violette Lichtstrahlen aus deinem Herzens ausstrahlen, aus der Mitte deiner Stirn, und aus deinen Handflächen. Fühle diese transzendente Empfindung der Vergebung.

Ich vergebe jedem, und ich weiß,
mir wird vergeben.
Ich bin Vergebung, die die Erde erfüllt.

Sage und fühle,

ICH BIN die Tara des Violetten Feuers.
ICH BIN die Reinheit, die Gott wünscht.

Du kannst auch das traditionelle Mantra aller Taras sprechen (Im tibetischen Buddhismus gibt es 21 Taras, die alle ihre eigenen Qualitäten und Funktionen haben):

Om Tare Tuttare Ture Swaha.

(Das bedeutet: Große Siegreiche Mutter, Verkörperung

aller erleuchteten Aktivität, ich erbitte Befreiung für alle Wesen. So sei es!)

Sage und fühle:

ICH BIN die Gegenwart Gottes,

manifestiert als Violette Tara,

und strahle in die Menschheit hinaus.

Das Violette Licht aus deinem Herzen dehnt sich aus, um die Erde mit diesem Mantel des Violetten Lichts zu umfangen, und du siehst jeden Menschen auf der Erde, dessen Herz nun mit Violettem Licht erfüllt ist und wie die Menschen Dankbarkeit und Vergebung und Liebe füreinander empfinden. Du verbrennst nicht nur dein Karma, du hilfst dich und jedes Wesen auf der Erde zu heilen. Fahre fort, diesen Segen zu verstärken:

ICH BIN die Violette Tara,

die strahlende Göttin aus dem Herzen der Schöpfung.

ICH BIN Liebe, Reinheit, Weisheit und Vergebung, die sich

aus mir ergießen, wo immer es nötig ist, und alles in seine an-

geborene Vollkommenheit verwandeln, und Gottes Göttlichen

Plan auf die Erde bringen, in diesem Augenblick.

So sei es!

Wir können auch sagen:

ICH BIN die Violette Tara, und ergieße jetzt Vergebung
und Gottes Segen in den Geist, in die Herzen, in die Welt
und in die Regierungen dieser Erde, in alle Führer der Welt,
in alle Menschen überall.

Fühle dich weiterhin als Violette Tara, und stell dir vor, dein Körper ist ein Amethyst, der dieses Licht aus sich ausgießt, und sage und fühle weiterhin:

ICH BIN die Violette Tara.
ICH BIN die Reinheit, die Gott wünscht.

An welchem Ort du auch bist, er wird von Violettem Licht erfüllt, das erhebt, verwandelt und allen vergibt. Sende es, wohin immer du möchtest.

Lasse nun diese Visualisierung los, und kehre zu dem zurück, was man die Grundlegende Leerheit nennt. Das ist das Bewusstsein in der Meditation, wo es keinerlei Selbst gibt, keine Anhaftung an irgendetwas, wobei du nicht im Ego bist, nur reines Bewusstsein; Bewusstsein ohne Begrenzung. Löse dich als Violette Tara allmählich auf, und kehre zu dir zurück als ein Energiewesen. Fahre fort mit dem Absorbieren in nicht-begrifflicher Wahrnehmung. Fühle Dankbarkeit für das, was du gerade erfahren hast, während du zu deiner Buddha-Natur oder zum Christus-Selbst zurückkehrst, frei von Ego-Anhaftung und negativen Emotionen, die nun gereinigt sind.

Wir sind gesegnet, diese Arbeit gemeinsam zu tun, gesegnet von dem Aufgestiegenen Rat des Lichts, von Saint

Germain, der Violetten Tara, und vor allem von unserer eigenen Gott-Gegenwart.

Wir rufen nun weiter die Geliebte Violette Tara an:

Violette Tara, weile über mir in einer rosa Lotusblüte, und
strahle Violettes Feuer aus, wohin ich auch gehe, während der
ganzen nächsten Woche, und segne jeden, dem ich begegne,
auch, wenn ich Dich vergessen sollte. Wo ich auch hingehe, bit-
te strahle die Violette Verzehrende Flamme aus,
um Liebe, Vergebung und Vollkommenheit in jede Situation
zu bringen.

Während der Woche wirst du feststellen, dass die Menschen plötzlich diesen Segen spüren, und die Situation wird auf magische Weise transformiert werden.

Sie werden dieses Licht spüren, weil es ein Aspekt Gottes ist, deiner ICH BIN-Gegenwart. Wir beschließen unsere Übung mit Worten der Dankbarkeit:

Danke, Violette Tara, dass Du bei mir bist, und in Deiner
Herrlichkeit hervorkommst. Bitte sei immer bei mir, und
handle, wo es nötig ist. Ich bin dankbar.

Fragen und Antworten zu Kapitel III

F: Wie lange sollen wir die Violette Tara in unseren Herzen lassen, bevor wir Sie loslassen?

P: Das liegt bei dir. Wenn du fünfzehn Minuten Zeit

hast, kannst du Sie fünfzehn Minuten lang in deinem Herzen halten. Manchmal hast du nicht viel Zeit. Sagen wir mal, du hast nur eine Minute, oder sogar nur zehn Sekunden Zeit. Halte Sie so lange, wie du Zeit hast, und wisse, je länger du Sie hältst, desto tiefgehender wird die Wirkung sein. Die Ernsthaftigkeit deiner Absicht ist es, was wichtig ist.

F: Sind wir nicht selber voll Licht, und haben deswegen auch violettes Licht immer in uns? Müssen wir ihm nicht einfach dann und wann Aufmerksamkeit schenken?

P: Bis zu einem gewissen Grad ist es immer da. So wie violettes Licht als Teil des weißen Lichts in diesem Raum ist, nur dass wir es nicht sehen. Du hast alle Farben in dir. Also, ja, violettes Licht ist immer in dir. Der Zweck dieser Übung ist, es herbeizurufen.

KAPITEL IV

Die ICH BIN-Lehren konzentrieren sich auf eine angewandte Spiritualität. Es gibt verschiedene andere Wege, die dich zum Gottes-Bewusstsein führen, insbesondere in Indien, bei denen du deine Existenz als Individuum auflöst und mit dem Bewusstsein der Einheit verschmilzt. Auch wenn dieses Verschmelzen zu Glückseligkeit führt, führt es nicht zu Meisterschaft in der Welt. Du kannst nicht Autofahren, während du in der Einheit versunken bist, nicht arbeiten oder Kinder großziehen.

Tatsächlich sind wir aus dieser Einheit hervorgekommen, um auf der Erde zu inkarnieren und die Dualität zu erfahren. Wir können noch zu diesem zeitlosen, formlosen Bewusstsein zurückkehren, um uns zu erfrischen, aber unser spirituelles Wachstum resultiert aus dem Teilnehmen an der Welt und an den Aktivitäten der Gesellschaft. Meisterschaft ist das Gewahrsein der Einheit, während man gleichzeitig in der Welt als schöpferisches, liebendes, mitfühlendes Wesen funktioniert. Die Praktik der Violetten Tara erzeugt die Liebe und das Mitgefühl, die wir brauchen, um die Freiheit zu erlangen, die für einen wahren Meister nötig ist.

Meisterschaft ist Fürsorge für andere

Es ist möglich, sich so auf die Einheit zu konzentrieren, dass du andere vergisst, und nie Mitgefühl entwickelst. Viele fragen, „Wie kann ich wissen, ob ich auf dem spirituellen Weg Fortschritte mache?" Mein Freund Ram Dass sagte:

Wenn du anfängst, dich wegen deiner spirituellen Entwicklung überlegen zu fühlen, gehst du in die falsche Richtung. Wenn du aber mehr Liebe und Mitgefühl für andere verspürst, dann ist das ein Zeichen, dass du Fortschritte machst.

Die Menschen fragen häufig, „Ich fühle nicht die Liebe, die ich mir wünschte zu haben. Wo ist die Liebe?" Viele Menschen meinen, wenn sie eine Beziehung eingingen, würden sie mehr Liebe empfinden. Aber Liebe muss zuerst in dir gefunden werden, und sie wird nicht durch die Beziehung verursacht. Es ist ein großer Meilenstein, wenn du erkennst, dass die Liebe, die du fühlst, aus deinem Inneren kommt, und nicht von anderen.

Wenn du eine gute Tat vollbringst und dein Bild in der Zeitung erscheint, und du Briefe der Anerkennung und Bewunderung erhältst, bringt dich das dazu, Liebe zu empfinden? Fühlst du Liebe in deinem Herzen? Du musst Liebe zuerst in deinem Herzen haben, bevor du einen anderen lieben kannst. Du empfindest Liebe für einen anderen, weil dieser die Liebe reflektiert, die in dir ist. Wenn du diese Liebe entdeckst, wirst du nie wieder ohne Liebe sein.

Das ist das Schöne an dieser Praktik. Wenn du auf „ICH BIN Liebe" meditierst, sendest du die Göttliche Liebe in dir hin zu anderen. Du bist die Quelle der Liebe. Es ist eine einfache Praktik, die du überall, wo du bist, anwenden kannst. Je häufiger du diese „ICH BIN Liebe"-Meditation praktizierst, desto mehr Liebe wirst du empfinden, denn die Liebe, die du in die Welt aussendest, kommt zehnfach verstärkt zu dir zurück.

Der Heilige Franziskus

Franz von Assisi entdeckte im zwölften Jahrhundert, dass Glücklichsein in der Hilfe für andere liegt. Den Film über ihn, *Bruder Sonne, Schwester Mond*, kann ich sehr empfehlen. Er war ein Lebemann, gut aussehend, er war reich und er hatte viele Freunde. Jeder mochte ihn. Sein Leben sollte sich jedoch bald ändern. Er zog in den Krieg, in dem Glauben, das sei eine großartige Sache, doch er wurde gefangen genommen, starb beinah in der Gefangenschaft, und als er nach Hause kam, hatte er das, was man heutzutage Posttraumatische Belastungsstörung nennt. Er interessierte sich nicht mehr für das gewöhnliche Leben.

Eines Tages erschien ihm Jesus und sagte, „Erneuere meine Kirche." Er dachte, Jesus meinte die baufällige Kirche am Stadtrand, aber Jesus sprach von der *Sangha* -- die Gemeinschaft der Gläubigen, die man als die Kirche bezeichnet.

Seine Arbeit zog bald viele Anhänger an, einschließlich einige seiner früheren Freunde, die nun ebenfalls die Vergeblichkeit des oberflächlichen Lebens erkannten – was man in Indien *Samsara* nennt – die Verfolgung nicht endender Ablenkungen und Freuden, die sich am Ende als unbefriedigend herausstellen. Sie entdeckten, dass wirkliches Glücklichsein aus der Hilfe für andere kam, und so bildeten sie eine Gemeinschaft von Mönchen, und lebten gemeinsam außerhalb der Stadt. Dieser Teil des Gebetes, das dem Heiligen Franziskus zugeschrieben wird, offenbart sehr schön seine transformierte Sichtweise:

Oh, Meister,

hilf mir, dass ich nicht danach verlange,

Getröstet zu werden, sondern zu trösten,

Verstanden zu werden, sondern zu verstehen,

Geliebt zu werden, sondern zu lieben,

denn

Wer gibt, der empfängt,

Wer sich selbst vergisst, der findet sich,

Wer verzeiht, dem wird verziehen,

Wer stirbt, dem wird das ewige Leben gegeben.

„Sterben" bezieht sich hier auf den Tod des Ego – das kleine Selbst, das Aufmerksamkeit fordert. Dieses Gebet beinhaltet im Wesentlichen den Weg zur Meisterschaft. Unsere Frage sollte sein:

Wie kann ich anderen helfen?

Die Violette Tara-Praxis ist ein Weg, diese Hilfe zu geben. Sie ist ein Zugang zur Meisterschaft, da du die Göttin anrufst, deren einziger Zweck es ist, Liebe, Vergebung und Freiheit zu geben. Während du mit Ihr verschmilzt, ergießt du Ihre Liebe auf andere und entwickelst so dieselbe Liebe und dasselbe Mitgefühl in dir selbst.

Jede Erfahrung ist eine Gelegenheit

Einige, die auf dem spirituellen Pfad sind, konzentrieren

sich auf den persönlichen Gewinn, darauf, wie man spirituelle Energie nutzen kann, um etwas, das man will, zu erlangen; nicht unbedingt Dinge, auch Glückseligkeit und persönliche Freiheit. Das ist mehr der Weg des Hinayana Buddhismus, der sich auf persönliche Befreiung konzentriert. Bei den Wegen des Mahayana und Vajrayana geht es um die Suche nach Erleuchtung zum Wohl anderer, es geht darum, ein Meister zu werden, um das Leiden zu lindern.

Jedoch erkennst du, während du erleuchtet wirst, ohnehin, dass andere ein Teil von dir selbst sind, auch Feinde und Menschen, die dich in Stress bringen. Sie sind alle ein Teil von dir und sie sind aus einem Grund in deinem Leben. Du hast vor deiner Geburt eingewilligt, dass du mit diesen Menschen in Verbindung bist. Sie sind hier, um dich etwas zu lehren. Sobald du erkennst, dass sie ein Teil von dir sind, und hier sind, um dir ein Geschenk anzubieten – dass heißt, dass du durch Überwindung der Herausforderung, die sie für dich darstellen, etwas gewinnst – dann empfindest du nicht mehr Wut und Frust, sondern siehst sie als Verbündete.

Versuche, jede Erfahrung als Gelegenheit willkommen zu heißen. Wenn du von der Polizei wegen zu schnellen Fahrens angehalten wirst, kannst du diesen Polizisten segnen. Als ich quer durch das Land (USA) fuhr, hielt mich ein Polizeibeamter an. Anstatt in Angst zu gehen, als ich an den Straßenrand fahren musste, sagte ich mir, „Dies ist eine Gelegenheit für meine eigene Meisterschaft." Anstatt verärgert oder aufgebracht zu sein, sagte ich zu dem Polizisten:

Sie haben ein gutes Herz.

Ich weiß, Sie helfen vielen Menschen.

Er blieb wie angewurzelt stehen und der Mund stand ihm offen. Ich glaube nicht, dass jemals jemand, den er angehalten hatte, das zu ihm gesagt hat. Ich gab ihm ein Exemplar meines Buches, und er las es am Straßenrand, während ich losfuhr. Wenn du jede Erfahrung als Gelegenheit begrüßt, wirst du einen großen Segen erfahren.

Um auf dem spirituellen Weg eine Perspektive zu gewinnen, kontempliere die Vier Gedanken, die den Geist dem Dharma zuwenden, und die Vier Edlen Wahrheiten, die die universalen Lehren offenbaren, die Buddha lehrte:

Vier Gedanken

1. **Die Kostbarkeit des Lebens:** Die menschliche Geburt ist ein kostbares Geschenk, das uns gegeben wurde. Sie soll nicht geringgeschätzt werden. Es ist von Bedeutung, dies zu erkennen; sei dankbar für jede Minute des Lebens, für jede unglaubliche Gelegenheit.

2. **Vergänglichkeit:** Nichts währt ewig. Alles stirbt, sogar Universen. Dein Leben könnte jeden Augenblick enden.

3. **Karma:** Jede Handlung hat eine Folge. Wir sind in unserem Leben dort, wo wir sind, als Ergebnis unserer früheren Handlungen. Wenn du das erkennst, löst du das Gefühl, Opfer der Umstände zu sein, auf. Du gibst nicht anderen die Schuld für Deine Umstände, sondern übernimmst Verantwortung für dein Leiden.

4. **Samsara:** Das stete Umherirren auf der Suche nach Dingen, die nicht dauerhaft sind. Strebe stattdessen nach dem, was dauerhaft ist, was das menschliche Leben überdauert. Die Freuden des Augenblicks bringen kein dauerhaftes Glücklichsein. Diese Erkenntnis bringt viele auf den spirituellen Weg.

Kontempliere auch über die folgenden Lehren des Buddha:

Vier Edle Wahrheiten

1. **Erwarte nicht dauerhafte Zufriedenheit auf der Erde:** Zufriedenheit und Leid kommen und gehen, oft unerwartet, da die Umstände des Lebens wie Treibsand sind. Dauerhaftes Glück kommt nur durch das, was ewig ist.

2. **Leid wird verursacht durch Begehren oder Abneigungen:** Wenn du einer bestimmten Freude anhaftest und sie nicht bekommst, wirst du unzufrieden sein. Oder, wenn du etwas Unvermeidliches vermeiden willst, ist Leid unabwendbar. Dauerhafte Zufriedenheit kommt nur, wenn du weder irgendetwas suchst noch zu vermeiden suchst, sondern in innerer Gelassenheit ruhst.

3. **Es gibt einen Weg, Leid zu vermeiden:** Du musst nicht durchs Leben treiben und von den Launen äußerer Erfahrungen und Ereignisse hin- und hergeworfen werden. Er gibt einen Weg zu dauerhaftem Glücklichsein.

4. **Der Achtfache Weg:** Dies ist eine Übersicht eines spirituellen Weges zum Glücklichsein. Er bietet Me-

thoden der Selbstentwicklung, die zu Weisheit führen, zu Mitgefühl, Erleuchtung und Freiheit. Diese acht Praktiken sind Voraussetzungen für die Meisterschaft:

1. **Rechte Erkenntnis:** Die Natur der Realität erkennen.
2. **Rechte Gesinnung:** Gedanken des selbstlosen Dienens, der Liebe und des Mitgefühls hegen.
3. **Rechte Rede:** Nur wahre Worte sprechen und Klatsch, verletzende Worte und übermäßiges Reden vermeiden.
4. **Rechtes Handeln:** Nur das tun, was allen nützt.
5. **Rechtes Streben:** Auf dem Weg der Meisterschaft fleißig sein.
6. **Rechter Lebenserwerb:** Einem ehrbaren Beruf nachgehen, der anderen Nutzen bringt.
7. **Selbst-Beobachtung:** Die eigenen Gedanken beobachten.
8. **Meditation:** Der Stillstand der Gedanken führt zu grenzenlosem Bewusstsein.

Die Violette Tara anrufen II

Die folgende Übung des Anrufens der Violetten Tara kann auch verwendet werden, um andere Götter oder Göttinnen anzurufen. Es ist eine grundlegende Anrufung, bei der du die Gottheit vor dir siehst, die zunehmend realer wird und sich dann in Licht auflöst. Dieses Licht geht in dich und du erkennst, „ICH BIN DAS".

Viele spirituelle Wege ermutigen zum Anbeten verschiedener Götter, Gottheiten und Aufgestiegener Meister, sei es Jesus, Maria, Lakshmi, Mahakala, Ganesh, oder andere. Das Ziel ist, Gott im Innern zu erkennen, und zu erkennen, dass die Gottheit oder der Meister auch ein Aspekt von dir ist.

Die Praktik der Violetten Tara hilft uns, mit diesem inneren Aspekt in Kontakt zu kommen. Es ist nicht nur eine Vorstellung; es ist der schöpferische Aspekt von Gott, oder der schöpferische Aspekt deines Selbst.

Segne die Erde
Anrufung der Violetten Tara:

Geliebte Göttin Tara, Mutter der Violetten Flamme der Vergebung, hilf uns, die Illusionen der Welt zu überwinden. Befreie uns von Unwissenheit und hilf uns, Erleuchtung zu erlangen. Gewähre uns die Fähigkeit, zu vergeben und Mitgefühl für andere zu empfinden. Kläre alle negative Energie und erhöhe unser Bewusstsein. Wir beten dich an: Komme jetzt zu uns, Violette Tara, Mutter der Violetten Flamme.

Die Violette Tara materialisiert sich vor dir. Diese Göttin aus Violettem Feuer strömt exquisites violettes Licht aus Ihrem Herzen und Ihren Händen aus.

Es ist dieselbe violette Energie wie die von Saint Germain, die sie verströmt. Du musst sie nicht mehr von Ihm bekommen, denn du kannst sie nun selbst erzeugen. Die Violette Tara ist eine spontan von selbst auftauchende Gottheit. Du kannst Sie bitten, sich vor dir zu manifestie-

50

ren. Sie taucht aus deinem eigenen Bewusstsein auf – als ein Aspekt und eine Manifestation deiner eigenen ICH BIN-Gegenwart. Wenn du Probleme mit dem Visualisieren hast, fühle Sie einfach.

Fühle die Liebe und das Mitgefühl dieser Göttin des Violetten Feuers, während Sie dich mit unendlicher Zärtlichkeit anschaut. Ihre Liebe ergießt sich über dir, und Sie reinigt alle deine Wunden, und entfernt alle Sorgen von deinem Herzen. Sie hilft dir, die Liebe zu fühlen, die in dir ist.

Während du das tust, reinigt Ihre Energie den Raum, in dem du bist – reinigt dein Heim, deine Nachbarschaft, die Stadt, in der du lebst, und die ganze Erde. Andere Violette Taras in der ganzen Welt schließen sich zusammen und hüllen die Erde in ein wunderschönes Violettes Licht ein.

Die Violette Tara vor dir löst sich in einer Kugel violetten Lichts auf. Während du schaust, verschmilzt dieses schöne Licht mit deinem Herzen. Sage und fühle:

ICH BIN die Violette Tara.

ICH BIN die Tara des Violetten Feuers.

Fühle, wie dieses Licht in jede Zelle eintritt. Dein Körper ist nicht länger materiell. Du erkennst, dass jedes Atom leerer Raum ist. Die Teilchen sind lediglich Energie, Gedanken und Schwingung. Während dieses Bewusstsein des Violetten Feuers in jedes Atom deines Körpers eindringt, beschleunigt es die Schwingungsfrequenz der Atome, und dein Körper wird zu diesem wundervollen Amethyst-Licht. Sage und fühle drei Mal:

ICH BIN die Tara des Violetten Lichts,
ICH BIN die Reinheit, die Gott wünscht.

Wenn du irgendwo in deinem Körper Schmerzen hast, sieh diesen Teil deines Körpers als einen Amethyst, der mit innerem Licht zu glühen beginnt, und dann halte diesen Brennpunkt.

Nun, da du die Violette Tara geworden bist, verwende deine Göttliche Kraft, um der Menschheit von Nutzen zu sein. Erhebe dich allmählich über die Erde und schaue hinunter. Die Erde unter dir ist eine große Kugel mit vielen dunklen Wolken, wo Krieg, Leiden und Verwirrung herrschen. Du kannst helfen, diese Zustände zu lindern, indem du violettes Licht an jene Orte oder Umstände sendest.

Bitte schließe dich mir über (Ort deiner Wahl) an, und fühle die Liebe in deinem Herzen für jene, die dort leben. Schicke einen Strahl violetten Lichts aus jeder Hand, und löse die dunklen Wolken auf, und sage:

ICH BIN die Tara des Violetten Feuers, und Ich löse auf
und verzehre alle negativen Energien, Gedankenformen und
Leiden unter, in, um und über (Gewählter Ort).

Schau, wie sich die dunklen Wolken auflösen. Schick violettes Licht in die Gebäude und Menschen. Sieh die Straßen erfüllt mit violettem Licht. Jetzt leuchte mit diesen Strahlen violetten Lichts unter die Stadt, hinein in die Erde, dann lass es heraufleuchten und lass große Strahlen dieses reinigenden Lichts in den Weltraum emporschießen.

Geh zur Hauptstadt deines eigenen Landes, oder zu irgendeinem Ort deiner Wahl, wo immer es nötig ist, und lass die Violette Flamme lodern. Sage und fühle:

ICH BIN die Violette Tara des Violetten Feuers,
ICH BIN die von Gott gewünschte Reinheit in dieser Stadt,
diesen Menschen und ihrer Regierung.

Löse nun die Visualisierung von dir selbst als Violette Tara allmählich auf, und kehre zurück zur grundlegenden Leerheit. Dies bedeutet, dass du nicht mehr die Violette Tara bist, aber du bist auch nicht dein persönlicher Geist oder dein Ego. Erreiche diesen Zustand durch Beobachten deines Ein- und Ausatmens, des Hebens und Senkens deiner Brust. Wenn ein Gedanke aufkommt, schick ihn fort mit der Markierung: 'Gedanke'.

Lass dein Bewusstsein sich nach außen ausdehnen. Erkenne, dass du ein unbegrenztes Wesen bist, dass du ewig bist, ohne Anfang und Ende. Du warst es immer und wirst es immer sein. Lass los davon, an irgendwelchen bestimmten Konzepten festzuhalten. Du erstreckst dich über das ganze Universum, über das Universum hinaus, denn du bist der Schöpfer. Komme nun zurück zum Bewusstsein deiner Form. Bemerke, wo du bist, wer du bist, und deinen Namen – wisse aber, dass du das nicht bist. Du bist dir bewusst, dass es da ein Ego gibt, aber es definiert dich nicht. Es ist nur ein Vehikel, um dir zu helfen, in dieser Welt der

Illusion zu funktionieren. Du bist jenseits von Name und Form, jenseits von Denken und Fühlen. Du bist unendlich.

Du kannst zum Ende kommen, indem du die Violette Tara bittest, während der ganzen kommenden Woche bei dir zu bleiben. Stell dir über deinem Kopf eine rosa Lotusblüte vor, groß genug, dass Sie darauf sitzen kann. Sie sitzt mit überkreuzten Beinen in der Lotusblüte, und du sagst zu Ihr:

Geliebte Tara, ich danke Dir. Bitte weile über mir, und hilf mir während der kommenden Woche. Bitte löse alle negativen Gedanken oder Gefühle, dich ich haben mag, auf. Du hast meine Erlaubnis, jeden zu segnen, mit dem ich in Kontakt komme, ob ich an Dich denke oder nicht. Bitte komme herbei, und segne jeden, dem ich begegne, mit dem Violetten Feuer der Vergebung.

Dann lass Sie mit diesem Dankgebet gehen:

Ich danke Dir, oh, Tara, für Deine Gnade, Führung und Segnung. Bitte hilf mir, an Dich zu denken. Sei immer bei mir. Ich danke Dir.

Fragen und Antworten zu Kapitel IV

F: Da es zur Zeit anscheinend so viele politische Probleme gibt, scheint es, dass wir als Menschheit insgesamt in einer Art Umwandlung sind. Stimmt das?

P: Unbedingt. Wir befinden uns in einer Zeit der Wandlung. Was die Politik angeht, musst du darauf vertrauen, dass jeder dort ist, wo er bestimmt ist zu sein, um Gottes Göttlichen Plan zustandezubringen. Manchmal kommt es durch das zustande, was wir ein Desaster nennen würden, oder eine Konfrontation.

Es gibt eine schöne Geschichte darüber im *Ramayana*. Die Götter brauchten einen Bösewicht, jemanden in der Rolle des Schurken, damit sie die Menschheit Gut und Böse lehren konnten, Richtig und Falsch, und Lektionen von dieser Art. Niemand wollte der Böse sein. Schließlich erklärte sich Ravana dazu bereit. Er unterschied sich nicht von den anderen Göttern, aber er erklärte sich bereit, den Bösen zu spielen, damit die Menschheit diesem Drama von Gut und Böse beiwohnen konnte. Dieser Kampf brachte das Gute und Böse in den beteiligten Personen an die Oberfläche.

Wir gehen jetzt durch eine ähnliche Konfrontation, wo alles Negative und alles Gute an die Oberfläche kommen. Statt zu beschuldigen, zu hassen, oder jemanden als böse zu bezeichnen, solltest du ihm Segen senden. Ich visualisiere die Engel des Violetten Feuers und der Violetten Tara über der Regierungshauptstadt und dem Weißen Haus jeden Tag. So kann man was gutes bewirken, statt noch mehr negative Energie hinzuzufügen. Es ist nicht nur die Regierung der Vereinigten Staaten. Alle Regierungen auf der Welt gehen durch Unruhen mit Ausschreitungen und Protesten, die in allen Hauptstädten vorkommen.

Statt Angst und Verzagtheit zu empfinden, solltest du diese Zeit als Gelegenheit für Wachstum betrachten. Indem du die Violette Tara zu diesen aufgewühlten Gebieten schickst, kannst du wachsen, statt depressiv zu werden. Es ist dies ein Weckruf für uns, in Aktion zu treten, zu vergeben, Meisterschaft und damit Freiheit zu erlangen. Meine Mutter pflegte zu sagen, „Es ist besser, eine einzige Kerze anzuzünden, als die Dunkelheit zu verfluchen." Du magst denken, „Wozu ist es gut, eine Kerze anzuzünden?" Wenn aber eine Million Menschen jeder eine Kerze anzündet, wird das Licht sehr hell.

KAPITEL V

Die Anrufung der Violetten Tara gibt unserer eigenen
ICH BIN-Gegenwart eine Ausdrucksform. Als ich das erste Mal nach Mount Shasta kam und begann, die ICH BIN-
Lehren von Pearl zu empfangen, empfahl sie mir, *Enthüllte
Geheimnisse* zu lesen.[6] Das Buch beschrieb die ICH BIN-Gegenwart als ein wunderschönes Wesen mit einer Regenbo-
genaura. Sie war so spektakulär dargestellt, dass ich dachte,
es sei eine Metapher, die Darstellung eines Künstlers vom
Höheren Selbst. Ich konnte mir nicht vorstellen, dass es ein
wirkliches Wesen war.

Ich wachte gewöhnlich nachts auf, und sah verschiedene
Aufgestiegene Meister an meinem Bett stehen, die mit mir
sprachen. Ich erkannte Kuthumi, El Morya, und Saint Germain. Sie kommunizierten auf einer höheren Ebene, und
ich konnte sie nicht hören, aber sie erlaubten mir, sie zu sehen, sodass ich wusste, dass sie mit mir arbeiteten.

Einige Nächte hintereinander wurde ich eines neuen
Meisters gewahr. Ich fragte mich, wer er war, und ich wollte
hören, was er sagte, also sagte ich, bevor ich zu Bett ging,
„Mir wird gezeigt werden, wer das ist, und wie er heißt".

Ich wachte mitten in der Nacht auf, und sah eine Lichtkugel nahe der Decke, umgeben von schönen Regenbogenfarben. Ich setzte mich im Bett auf, und fragte fordernd,
„Wer bist du?"

6   Godfre Ray King, *Enthüllte Geheimnisse*, (Am.: *Unveiled Mysteries*, Saint
Germain Foundation, 1939)

Ich hörte sehr deutlich, „ICH BIN du. ICH BIN deine eigene Gott-Gegenwart."

Ich war so erschrocken, dass ich bewusstlos wurde, und erst am Morgen aufwachte. Das war meine Erkenntnis, dass die ICH BIN-Gegenwart eine reale war.

Die ICH BIN-Gegenwart kontaktiert unsere menschliche Persönlichkeit selten direkt, sondern Sie kontaktiert uns durch einen vermittelnden ätherischen Körper, bekannt als Höherer Mentalkörper, Seele, oder *Sambhogakaya*.

Meditation hilft uns, unsere Verbindung mit dem Höheren Mentalkörper zu stärken, damit wir Führung besser empfangen können. Genauso wie das Heben von Gewichten hilft, Muskeln aufzubauen, genauso wird deine Verbindung zu deinem Höheren Mentalkörper stärker, je mehr du meditierst. Es ist so wie mit jeder Beziehung, sie wird immer vertrauter, je mehr Umgang du pflegst. Diese Vertrautheit erlaubt dir, eine klarere Kommunikation von deiner ICH BIN-Gegenwart zu erhalten.

Hast du dich je gefragt, wie du dich mit jemandem am Telefon so verbunden fühlen kannst, auch wenn die Person weit weg ist? Oder du bist in einer Gruppe wie unserer Violette Tara-Facebookgruppe, und fühlst dich jedem Teilnehmenden so nah, auch wenn du nie einen persönlich getroffen hast? Das ist so, weil dein Höherer Mentalkörper bei ihnen ist, auch wenn du mit ihnen über das Telefon oder über das Internet verbunden bist. Wo immer deine Aufmerksamkeit ist, dort ist auch dein Höherer Mentalkörper.

In den ICH BIN-Lehren nennt man das projiziertes Bewusstsein. Du kannst dein Bewusstsein nicht nur überall auf der Erde projizieren, sondern überall in der Schöpfung.

Das ist dir möglich, weil dein Höherer Mentalkörper außerhalb von Raum und Zeit mit der Geschwindigkeit von Gedanken reisen kann. Er kann mit dem Mentalkörper von jedem anderen kommunizieren, oder an irgendeinem Ort in der Schöpfung an einer Aktivität teilnehmen. Das ist einer der Gründe, weshalb uns Meditation mit anderen verbundener fühlen lässt, und verhindert, dass wir uns von Menschen getrennt fühlen, oder von Ereignissen, die sich in großer Entfernung abspielen.

Wenn sich die Illusion, die man 'Tod' nennt, ereignet, lebt der Höhere Mentalkörper weiter. Er verschmilzt dann mit der ICH BIN-Gegenwart, dem Regenbogenkörper, und schließt den Vorgang des Aufstiegs ab.

Gott-Bewusstsein und Meisterschaft

Viele spirituelle Lehren befassen sich nur mit dem Gottes-Bewusstsein, jenseits aller Empfindung von Form oder eines Selbst. Diese Advaita-Lehren fördern tiefe Meditation, um die Identifikation mit dem Ego vollständig aufzulösen. Du gehst in einen Zustand der Glückseligkeit und Einheit mit allem, was existiert. Das einzige Problem dabei ist, dass da niemand ist, der das erfahren kann, da das Selbst mit einem Meer reinen Bewusstseins verschmolzen ist. Ramakrishna, der große indische Mystiker, hat diese Auflösung mit einem Salzkorn verglichen, das man ins Meer wirft. Das Salz verschmilzt mit dem Meer, und es gibt keine Individualität mehr.

Du wirst Eins mit deinem Gott-Selbst. Auch wenn dieses Bewusstsein sehr schön ist, kannst du jedoch in diesem Zustand in der Welt nicht funktionieren. Es gibt Bilder von

Ramakrishna, im Zustand dieses Kosmischen Bewusstseins, wo man ihn füttern und für ihn sorgen musste. Er hatte kein Bewusstsein von sich selbst – nur Glückseligkeit, aber das ist nicht Meisterschaft in der Welt.

Dann gibt es einen Zustand des Bewusstseins, in dem du Zugang zur Einheit hast, aber deines Selbst als getrenntes Wesen in der Welt der Dualität noch gewahr bist. Das ist das Bewusstsein der Aufgestiegenen Meister. Sie sind Gott-Wesen, die sich als aktiv Handelnde für einen Wandel in der menschlichen Welt ihrer selbst bewusst sind. Sie werden im Sanskrit *Mahasiddhas* genannt, das heißt, sie haben alle Kräfte der Selbst-Verwirklichung erlangt. Sie sind frei, überall nach Belieben zu wirken.

Meisterschaft besteht darin, zu lernen, das Bewusstsein höherer Welten in das menschliche Bewusstsein und in die Handlungen des täglichen Lebens zu bringen. Es ist ein Ziel der Violetten Tara-Praktik, zu lernen, deine eigene Gott-Gegenwart als eine spezifische Gottheit in die Welt zu bringen.

Der Grund, weshalb du die Welt beeinflussen kannst, liegt darin, dass wir alle wie Tropfen im Meer des reinen Bewusstseins miteinander verbunden sind. Was ein Tropfen erlebt, wird von allen anderen Tropfen erlebt, weil wir alle Teil des gleichen Meeres sind. Wissenschaftler haben herausgefunden, dass subatomare Teilchen mit anderen subatomaren Teilchen, die Teil des selben Atoms waren, noch immer in Kommunikation sind, auch wenn sie Lichtjahre voneinander entfernt sind. Was du mit einem Teilchen tust, beeinflusst alle anderen Teilchen. Das gleiche trifft auf uns zu. Was einer tut, beeinflusst alle.

Die Violette Tara ist ein Ausdruck deiner ICH BIN-Gegenwart, die du anrufst, um in der Welt wirkungsvoll zu
sein. Sie ist ein Ausdruck deiner eigenen Göttlichkeit. Rufe
Sie an, um Liebe, Frieden, Harmonie, Heilung, Vergebung
und Freiheit für dich und andere hervorzurufen.

Meditation auf die ICH BIN-Gegenwart

Sei ruhig und beobachte das Heben und Senken deiner
Brust, das Einatmen und Ausatmen. Sage und fühle:

ICH BIN die Gegenwart Gottes, genau hier und jetzt.

Sieh den Brennpunkt deiner ICH BIN-Gegenwart als
goldenes Licht in der Mitte deiner Brust glühen, umgeben
von dem schönen rosafarbenen Glühen Göttlicher Liebe.
Strahlen aus rosa, mit Gold getöntem Licht, gehen hinaus
in die Herzen aller Menschen auf Erden, während du sagst:

ICH BIN Liebe und strahle sie auf die Menschheit.

Sage und fühle:

*Ich vergebe jedem. Ich vergebe jedem, der mich jemals verletzt
hat. Ich bitte um Vergebung unter allen Menschen der Welt,
unter allen Nationen, Rassen und Religionen. Möge jedem
vergeben sein und jeder Vergebung in seinem Herzen fühlen.*

Während dein Licht hinausgeht und violett zu werden beginnt, sage:

ICH BIN die Tara des Violetten Feuers,

ICH BIN die Reinheit, die Gott wünscht.

Während das Violette Licht die Erde umhüllt, sage und fühle:

ICH BIN völlig Rein und Vollkommen. Ich rufe die Violette Tara an, dass Sie über mir in einer schönen Lotusblüte weilt. Für die kommende Woche bitte ich Sie, hervorzukommen und und jeden zu segnen, dem ich begegne und an den ich denke. ICH BIN der Große Göttliche Direktor in meinem Leben, und bringe überall Vollkommenheit zustande, wo ich auch bin. ICH BIN Saint Germain dankbar, dass Er diese Lehren für die Menschheit verfügbar gemacht hat. Ich danke Dir, und es ist getan.

KAPITEL VI

Den Atem energetisieren

Ich möchte dir eine Übung zeigen, die den Atem energetisiert. Wenn du dich niedergeschlagen oder energielos fühlst, kannst du diese ausführen, um deine Stimmung anzuheben. Sie verwendet die yogische Blasebalg-Atmung, bei der die Luft angehalten wird [Bhastrika; der Übers.] und ist unmittelbar vor der Meditation besonders gut.

Als ich erstmals mit Meditation begann, verlangsamte sich mein Atem so sehr, dass ich dachte, ich würde nicht genug Sauerstoff bekommen, und ich holte einige Male tief Luft. Wenn du diese Übung vor dem Meditieren machst, werden dein Körper und deine Zellen mit Sauerstoff angereichert und energetisiert, so dass du keine Bedenken haben musst.

Indem du diese Atemübung machst, ziehst du Energie durch den feinstofflichen Kanal, der in der Mitte deiner Wirbelsäule hinaufgeht, nach oben und energetisierst die Chakren. Sie erhöht die Wärme in deinem Körper und hilft dir, morgens oder wann immer du zusätzlichen Antrieb brauchst. Du wirst auch in die Lage versetzt, das violette Licht in jeder Zelle besser zu fühlen.

Verausgabe dich nicht. (Ziehe einen Arzt zu Rate, wenn du irgendwelche Gesundheitsprobleme hast, oder Fragen zu möglichen Nachteilen bei Atemübungen). Sitze mit gerader Wirbelsäule. Atme alle verbrauchte Luft in deiner Lunge aus. Atme dann mit geschlossenem Mund vierzig Mal durch die Nase schnell ein und aus. Dann atme tief ein und halte deinen Atem ungefähr vierzig Sekunden lang an. Dann atme vollständig aus.

Wenn du die Energie verstärken willst, wiederhole diese ganze Übung drei Mal. Nach der letzten Ausatmung bleibe bewegungslos sitzen, und fühle die Energie durch deinen Körper zirkulieren. Halte die Zungenspitze gegen deinen Gaumen, um den Energiekreislauf zu schließen. Fühle die Energie in deine Füße hinuntergehen. Deine Fußsohlen haben Chakren, die sich wie eine Sonne unter jedem Fuß anfühlen. Das Licht, das du erzeugt hast, geht durch deine Füße wieder hinauf in den Solarplexus, weiter durch die Mitte der Wirbelsäule, hinauf zum Herzen. Fühle die warme Sonne in deinem Herzen und das Licht in jede Zelle deines Körpers strahlen. Das Licht ergießt sich auch aus dem dritten Auge (*Ajna*-Chakra), und auch oben aus der Schädeldecke zur tausendblättrigen Lotus (*Sahasrara*-Chakra).

Das feine Nervensystem deines Körpers wird mit Lichtstrahlen erfüllt, die in den Raum ausstrahlen. Es geht durch deine Schultern, deine Arme, in die Handflächen. Deine Finger werden mit Licht energetisiert. Über dir ist deine ICH BIN-Gegenwart, eine Sonne aus goldenem Licht, umgeben von den Regenbogenfarben, die all das Gute und Weise beinhalten, das du in deinen vielen Leben angehäuft hast, und das in den Raum strahlt. Sage innerlich, und denke und fühle:

ICH BIN die Gegenwart Gottes,

die ICH BIN.

Sitze mit diesem Bewusstsein einige Minuten lang und fühle:

ICH BIN die Gegenwart des Lebendigen Gottes.

Wenn dein Geist abschweift, beobachte einfach das Ein- und Ausatmen. Wenn ein Gedanke hochkommt, bezeichne ihn einfach als 'Denken' und wende dich wieder der Atmung zu. Erlaube deinem Bewusstsein, sich im Herz-Chakra *(Anahata)* zu beruhigen, das etwas rechts vom Brustbein liegt (nicht das physische Herz).

Mach dir diese Praktik zu Eigen

Wir werden nun gleich mit einer Meditation beginnen, doch zuvor sollst du wissen, dass die Violette Tara nicht als eine Göttin visualisiert werden muss. Du kannst dir auch einfach violettes Licht oder amethystfarbenes Licht vorstellen. Es ist nicht die Visualisierung, die diese Übung funktionieren lässt. Sie funktioniert wegen deiner inneren Einstimmung, wegen deiner inneren Verbindung zu deiner ICH BIN-Gegenwart, die in deinem Herz-Chakra verankert ist. Es ist die Kombination deiner Gedanken, deiner gesprochenen Worte und deiner Liebe, das das alles geschehen lässt.

Jeder macht diese Arbeit auf seine eigene Weise. Wie Padmasambhava sagte:

Verbinde diese Praktik mit deinem eigenen Wesen.

Ich bin immer erstaunt, wenn ich eine Meditations-Übung gebe und denke, dass jeder die gleiche tut. Dann höre ich später, dass die Leute es alle leicht abgewandelt tun. Sie haben die Meditation zur ihrer eigenen gemacht, was in Ordnung ist, solange es zum selben Bewusstsein führt.

Drei Praktiken zum Nutzen der Menschheit

Es gibt viele Arten, die Violette Tara-Meditation zum Nutzen der Menschheit zu verwenden. Drei Methoden gebe ich hier, dich selbst zu visualisieren:

1. Über der Erde, Lichtstrahlen nach unten sendend.

2. Auf der Erde, zur Menschheit ausstrahlend.

3. In der Erdmitte, den ganzen Planeten erleuchtend.

Meditation in der Erdmitte

Manche Praktizierende transportieren sich in ihrem Höheren Mentalkörper durch projiziertes Bewusstsein in die Mitte der Erde und verwenden die Affirmation, „ICH BIN in der Mitte der Erde". Andere mögen visualisieren, wie sie mit einem unterirdischen Fahrzeug vom Inneren des Mount Shasta aus dorthin reisen, oder man kann auch ein UFO benutzen, das zum Nordpol fliegt, und von dort ins Erdinnere gelangt. Alle diese Methoden funktionieren.

Transportiere dich mit dem Mittel deiner Wahl in die Erdmitte. Hier existiert eine weitere Welt, von einigen als *Shambhala* bezeichnet die mit einer höheren Schwingungsfrequenz schwingt, und die eine eigene innere Sonne besitzt. Es ist unglaublich schön hier. Du befindest dich auf einer schönen Aue. Vor die steht ein runder Tempel mit Marmorsäulen.

Außerhalb des Tempels befinden sich die Herrscher der Zehn Richtungen. Sie werden dich beschützen und dir Energie senden, während du drinnen weilst. Am Himmel befindet sich ein Ring von Engeln, und über ihnen und um sie herum sind die Erzengel versammelt. Darüber weilen die Seraphim, Throne, Gewalten und Herrschaften. Dieses sind majestätische Wesen, die sich versammelt haben, während du die Violette Tara anrufst.

Du betrittst den Tempel. An den Wänden des Tempels sitzen die Meister, die die *Chohans* (Chefs) der Sieben Strahlen sind. Du verbeugst dich vor jedem in Anerkennung der inneren Gott-Gegenwart. Du sitzt vor ihnen in einem der bereitgestellten Stühle, dann beruhigst du deinen Geist, indem du das Heben und Senken deiner Brust beobachtest, das Einatmen und Ausatmen. Du denkst nicht an die Vergangenheit oder an die Zukunft, versuchst nicht, irgendetwas zu verstehen, oder zu bewirken. Du bist in diesem Augenblick in diesem Brennpunkt des Lichtes.

Erbitte von Saint Germain die Violette Tara-Ermächtigung:

Lieber Meister Saint Germain, bitte ermächtige die Violette Tara in meinem Leben, jetzt sofort, sich selbst vollkommen aufrechterhaltend, als lebende Göttin, zum Wohl aller Wesen.

Dann erbitte weitere Ermächtigung von der Violetten Tara selbst:

Oh, große Violette Tara, Geliebte Göttliche Mutter, Du, die Du eine Ausströmung des Lichts aus dem Herzen der Schöpfung bist, mit der ICH Eins BIN, ich flehe Dich an. Ergieße Dein Violettes Feuer der Reinigung durch meinen Geist, meine Gefühle und durch die Welt. Reinige und verwandle, wo immer es nötig ist in diesem Augenblick. Danke! Ich weiß, es ist schon getan.

Sieh die Violette Tara in der Atmosphäre erscheinen. Zuerst siehst du nur ein violettes Licht. Die Göttin kommt aus dieser Lichtkugel hervor. Sie wird mehr und mehr real, eine vortreffliche Frau, gekleidet in eine violette Robe.

Die lebendige atmende Göttin steht vor dir. Sie ist die Verkörperung des Mitgefühls, und hat große Liebe für dich. Sie ist deine erleuchtete Schwester, und hilft dir, jedem zu vergeben. Auch Sie vergibt dir jede Lieblosigkeit, die du jemals verursacht hast. Sie fordert dich nun auf, jedem anderen zu vergeben. Fühle ihre Liebe. Sage und fühle:

ICH BIN Vergebung.

Nun löst Sie sich wieder in eine violette Lichtkugel auf, und tritt in dein Herz ein. Du verschmilzt mit Ihr, und Ihre Essenz und Deine Essenz werden Eins. Ihr Bewusstsein ist dein Bewusstsein. Fühle das Violette Licht in deinem Her-

68

zen in den Raum ausstrahlen. Sage und fühle:

ICH BIN die Violette Tara.

Strahlen Violetten Lichts schießen aus deinem Herzen, erfüllen die ganze Erde, und strahlen hinaus in den Weltraum. Jeder auf der Erde wird von diesem Violetten Licht beeinflusst.

Sprich Ihr Mantra dreimal, und fühle, wie das violette Licht durch dich hinausströmt und heilt, und planetarisches Karma verbrennt. Dieses Licht berührt jeden Menschen, da wir alle im Bewusstsein verbunden sind und Anwohner im Geist Gottes sind:

ICH BIN die Tara des Violetten Feuers,

ICH BIN die Reinheit, die Gott wünscht.

Du kannst auch ihr Sanskrit-Mantra einhundertacht Mal sagen:

Om Tare Tuttare Ture Swaha

Vertiefe diesen Segen an die Menschheit, indem du sagst und fühlst:

ICH BIN die Violette Tara, die strahlende Göttin aus dem Herzen der Schöpfung. ICH BIN die Ausgießung von Liebe,

Reinheit, Weisheit und Vergebung, wo immer es nötig ist, die
alles in seine innewohnende Vollkommenheit wandeln, und
Gottes Göttlichen Plan auf die Erde bringen, in diesem Au-
genblick. So sei es!

Nach dieser Übertragung kehre zurück zur grundlegender Leerheit, frei von Gedanken, ohne Begehren oder Abneigungen, einfach zu reinem Bewusstsein.

Abschließend sage zur Tara:

Geliebte Violette Tara, bitte sitze über meinem Kopf in einer
rosa Lotusblüte, und strahle Violettes Feuer aus, wo immer
ich hingehe, während der ganzen kommenden Woche. Auch
wenn ich nicht an dich denke, segne jeden, dem ich begegne.
Strahle das Feuer der Vergebung, die Violette Verzehrende
Flamme aus, um jedes Wesen und jede Situation zu segnen
und zu heilen.

Du bist nun nicht mehr dasselbe Wesen wie vor einer Stunde. Fühle die Göttliche Energie der Göttin sich durch dich ergießen. Saint Germain ist dir dankbar für die Ausführung dieser Praktik, denn nun bist du ein Sendbote der Violetten Flamme, und assistierst ihm bei seiner Arbeit. Statt ihn immerzu anzurufen, damit er das violette Feuer hierhin oder dorthin schicke, bist du nun selbst ein Übermittler der Violetten Flamme der Vergebung.

Öffne langsam deine Augen und werde dir deiner Umgebung bewusst, während du noch immer das Ein- und

Ausatmen beobachtest. Du bist vollständig im gegenwärtigen Moment, und fühlst:

ICH BIN die Gegenwart der lebenden Göttin
in Aktion, diesen ganzen Tag hindurch.

Du musst nichts aufwändiges tun, sondern nur deine Wahrnehmung auf die Mitte deines Wesens gerichtet halten, und beobachten, welche Gedanken dir durch den Kopf gehen.

Identifiziere dich nicht mit den Gedanken, die kommen und gehen, denn sie sind nur Schatten, während du die Sonne bist. Du weißt nun, wie man Liebe, Mitgefühl und Vergebung jederzeit herbeiruft.

Fragen und Antworten zu Kapitel VI

F: Ich habe nicht immer die Zeit, um die vollständige Violette Tara-Übung auszuführen. Kann ich nicht einfach die Violette Tara visualisieren und Sie bitten, das zu verwandeln, woran wir gerade arbeiten?

P: Ja, natürlich. Du kannst zu jeder Zeit und in jeder Situation die Violette Tara oder Saint Germain bitten, in Aktion zu treten. Du musst dich nicht hinsetzen und eine vollständige lange Anrufung machen. Es ist nur zu deinem Nutzen und zu deiner Erbauung, es ist gut, eine formelle Anrufung bei Gelegenheit zu machen. Je mehr Kraft du erzeugst, indem dir die Praktik zur Gewohnheit wird, desto besser wirst du im Anrufen der Violetten Tara und Ihrer violetten Flamme, ohne eine langwierige Praktik auszuführen.

F: Ist der Tunnel an der Flanke des Mount Shasta real?
Können wir dort hingehen? Ist er nur für hoch entwickelte
Menschen zugänglich?

P: Während der Harmonischen Konvergenz, ich glaube
sie ereignete sich 1987, meditierte ich, als vor mir ein Wesen erschien, mich aus meinem Körper nahm und zur Flanke des Mount Shasta brachte, zu diesem Tunnel. Wir fuh-
ren in einem U-Bahn-ähnlichem Zug, der mit Magnetismus
in der Schwebe gehalten und angetrieben wurde. Nach etwa
zwanzig Minuten erreichten wir den Erdmittelpunkt. Be-
mühe dich nicht, den Eingang zu suchen, denn er ist nicht
etwas, das man auf der physischen Ebene vorfindet, es sei
denn, du erhöhst deine Schwingungsfrequenz erheblich.

KAPITEL VII

Die tantrische Praktik gründet auf dem Verständnis, dass es ein Meer des Bewusstseins gibt, das alles umfasst, und dass du ein Schöpfer bist, der mit diesem Meer Eins ist. Da dein Geist überall ist, liegt es bei dir, zu erschaffen, was du willst, und diese Erfahrung zu interpretieren. Das Leben bringt dich in Kontakt mit dir selbst als einem Schöpfer. Diese Eigenschaft eröffnet dir eine ganze Fülle von Praktiken, die du anwenden kannst, um das anzurufen, was du dir wünschst. Wenn du sagst, „ICH BIN", so schaffst du durch die schöpferische Kraft deines Lichts das herbei, was diesen Worten nachfolgt. Also, was möchtest du sein?

Du kannst sagen und fühlen:

ICH BIN ein Weißes Feuer-Wesen
aus dem Herzen der Großen Zentralsonne.

Oder:

ICH BIN der Große Göttliche Direktor meines Lebens
und der Welt.

Oder:

ICH BIN die Violette Tara,
Göttin der Vergebung und der Freiheit.

Deine Worte, Gedanken und Gefühle bestimmen, was du bist. Folglich musst du deine Gedanken in jedem Augenblick beobachten, um dein Wesen und die Wirkung, die

73

du auf andere hast, zu kontrollieren.

Du kannst sein, was immer du sein willst. Du bist nur durch deinen eigenen Geist begrenzt. Es gibt viele Aussagen, die du machen kannst, und Praktiken, die du ausführen kannst, um dein Leben nach deinem Wunsch zu gestalten. Allgemein ist es am besten, bei einer Praktik zu bleiben, bis du sie gemeistert hast.

Saint Germain gab der Westlichen Welt die grundlegenden Lehren des „ICH BIN" in den 1930er Jahren durch Godfre Ray King. Er unterrichtete über die Aufgestiegenen Meister, und die Kraft der Worte, „ICH BIN". Meditation als ein Bestandteil davon, lehrte er erst in den 1970er Jahren durch Pearl Dorris, meine Lehrerin. Nun hat Er mich gebeten, über die Natur des Geistes fortgeschrittene Lehren herauszugeben, die die Lehren kraftvoller machen, und die Tür zur Befreiung aus der Welt der Illusion zu öffnen.

Jemand hat mich gefragt, „Ist dieses Einschließen Östlicher Methoden deine eigene Ausschmückung, oder kommt sie von Saint Germain?" Meine Antwort ist, dass dies ausdrücklich der Wunsch von Saint Germain ist. Zu der Zeit, als ich die „ICH BIN"(-Lehre) bei Pearl studierte, die frühere Assistentin von Godfre Ray King, vertiefte ich mich gänzlich in diese Lehren. Nach dem Aufstieg von Pearl wurde ich jedoch geführt, zurückzugehen und mich noch einmal in den tibetischen Buddhismus zu vertiefen.

Ich hatte begonnen, unter dem Bodhi-Baum in Bodhgaya in Indien zu studieren, und dann bei burmesischen Mönchen weiterstudiert. Bei meiner Rückkehr in die Vereinigten Staaten begegnete ich zufällig Trungpa Rinpoche, und erhielt von ihm Einweihungen. Später erhielt ich Unterweisungen von Chagdud Rinpoche und dem sechzehnten Karmapa, der mich nach Tibet schickte, um gewisse Aspekte aufzunehmen, die nur an bestimmten Örtlichkeiten übertragen werden konnten, die von Padmasambhava bemächtigt worden waren.

Wenn ich über den Buddhismus spreche, dann beziehe ich mich nicht auf die Religion, sondern auf die geistigen Praktiken. 'Buddha' bedeutet, jemand, der erwacht ist. Buddhismus ist also die Wissenschaft des Erwachens – nicht nur des Geistes, sondern des Herzens und der Rede, so dass du bei vollem Bewusstsein und erleuchteter Aktivität wirken kannst – was die Arbeit der Meisterschaft ausmacht.

Die Violette Tara-Praktik ist nur ein Zugang, durch den ich diese Praktiken einführe – ein Weg, um zur magischen Natur deines eigenen Geistes zu erwachen. Das ist die Wissenschaft der Erleuchtung und Meisterschaft, die auf dein alltägliches Leben angewendet werden und die es erweitern kann.

Die Geschichte vom Zahn des Buddha

Ich möchte dir diese Geschichte erzählen, denn sie offenbart etwas über die Natur des Tantra:

Es war einmal ein Kaufmann, der auf eine lange Reise ging. Seine betagte Mutter fragte ihn, ob er ihr nicht etwas aus einer fernen Stadt mitbringen könne. Sie hatte von dem Gerücht gehört, dass es einen Zahn von Buddha gäbe, und sie bat ihren Sohn, einen für Sie mitzubringen. Man hatte ihr gesagt, dass man sehr schnell erleuchtet würde, wenn man einen solchen Zahn besaß. Sie war schon etwas älter, und wollte nicht sterben, ohne den Regenbogenkörper zu erlangen. Sie wusste, dass der Besitz dieses Zahnes des Buddha ihren Aufstieg erleichtern würde.

Der Kaufmann sagte seiner Mutter, er würde den Zahn bringen, und verließ die Stadt. Dann war er mit seiner Reise beschäftigt, und als er zurückkam, fiel ihm ein, dass er den Zahn vergessen hatte. Auf dem Weg zum Haus seiner Mutter, mit leeren Händen, fand er am Straßenrand einen toten Hund, dem er einen Zahn entnahm, ihn in ein schönes Seidentuch hüllte, und mit einer Schleife zuband. „Mutter, ich habe dir Buddhas Zahn gebracht, wie du gebeten hast." rief er stolz aus.

Seine Mutter war so aufgeregt, dass sie den Zahn inbrünstig anbetete. Sie erwies dem Zahn Niederwerfungen, und rief das Bewusstsein des Buddha an, und verschmolz mit ihm. Bald wurde sie vollständig erleuchtet, und stieg in den Regenbogenkörper auf.

Die Moral der Geschichte ist, worauf wir uns konzentrieren, das bringen wir in die Existenz. Es war nicht von Bedeutung, dass es der Zahn eines Hundes war, und nicht der vom Buddha; für die Mutter des Kaufmanns war er der Brennpunkt, den sie brauchte, um Selbst-Verwirklichung zu erlangen.

Du wirst täglich vor die Entscheidung gestellt, worauf du deine Aufmerksamkeit richten willst. Wenn du morgens aufstehst, kannst du dich auf alle negativen Dinge in deinem Leben konzentrieren, und letztendlich kreisen sie den ganzen Tag in deinem Kopf, oder du kannst dich auf das innere Licht konzentrieren, dich auf dein Selbst als Schöpfer einstimmen, und Vollkommenheit erschaffen. Reinige deinen Geist. Putz all den Bodensatz dieser negativen Assoziationen heraus, und konzentriere dich auf das Positive.

Das ist der vollkommene Weg zur Meisterschaft. Während des Tages kommen viele negative Gedanken oder Gefühle auf, die du ändern kannst. Wenn dich jemand im Straßenverkehr behindert, möchtest du ihn beschimpfen. Aber du kannst es anders betrachten. Suche Wege, wie du mitfühlend sein kannst. Vielleicht beeilt sich dieser jemand, schnell zum Krankenhaus zu kommen, weil sein Kind verunglückt ist. Oder vielleicht hat er einfach einen Fehler gemacht. Das mag bei dir auch schon vorgekommen sein.

Versuche alles, was Ärger oder Schmerz verursacht, als etwas anzusehen, das dir bei deinem Wachstum zur Meisterschaft helfen kann. Rufe die Violette Tara an, dass Sie dir helfen möge, anderen ihre Fehler zu vergeben, die wir alle teilen. Die Absicht dieser Praktiken ist es, dir zu helfen, deinen Geist umzuwenden, und dich stattdessen auf das Positive zu konzentrieren. Durch Visualisieren der Violetten Tara kommst du in Kontakt mit der Violetten Tara in dir selbst. Du besitzt die Kraft zu vergeben, und das befreit dich.

Vor kurzem traf ich jemanden, der mir seine Probleme erzählte. Statt mich auf ihre unseligen Probleme zu konzentrieren, visualisierte ich diese Frau als Violette Tara, und hielt die Visualisierung aufrecht. Plötzlich hörte sie auf zu sprechen. Es war, als wäre eine Glühbirne angegangen. Sie leuchtete auf. Wir saßen beide einfach da, ohne zu sprechen, in diesem schönen Licht. Hätte ich nun Mitleid mit ihr gehabt, wäre ich in ihre Bedrückung hineingezogen worden, und wir hätten uns beide schlecht gefühlt. Als ich stattdessen sagte, „ICH BIN die Violette Tara in Aktion in dir, und die Violette Tara in mir segnet die Violette Tara in dir," segneten wir uns schließlich gegenseitig.

Fragen und Antworten zu Kapitel VII

F: Ich weiß, dass wir alle Eins sind, aber wie setze ich das in Erfahrung um?

P: Dazu bedarf es der Meditation. In der Meditation kannst du Einheit erleben, wenn du erkennst, dass die Gegenwart in dir auch die Gegenwart in mir ist. Dann behandelst du die Menschen als einen Aspekt von dir Selbst. Jesus sagte:

Ich sage euch, liebt nicht nur eure Freunde,

sondern liebt eure Feinde.

Freunde und Feinde sind ein Teil von dir, und sie sind aus einem bestimmten Grund in deinem Leben. Also danke den Menschen, die dich herausfordern, denn sie geben dir die Lektionen, die du brauchst. Ihnen zu vergeben ist deine Freiheit.

F: Machst du diese Übungen jeden Tag, und machst du sie zu einer festgelegten Zeit?

P: Ich versuche sie am Morgen zu machen, wenn ich aufwache, aber ich bin dieser Tage sehr beschäftigt, also mache ich sie, wann immer ich kann. Am Morgen ist jedoch die beste Zeit, als erstes schnell einige Affirmationen zu machen. Eine meiner liebsten ist:

ICH BIN der Große Göttliche Direktor an diesem Tag.

Auch vor dem Schlafengehen ist es gut, wenn du zu deiner ICH BIN-Gegenwart aufschaust, auch wenn du Sie nicht sehen kannst. Wisse, dass Sie da ist, und sage und fühle:

Ich liebe Dich, Gott; danke für diesen Tag. Möge ich heute Nacht voranschreiten und lernen und dienen. Möge ich am Morgen als eine bessere Person aufwachen, und mich daran erinnern, was ich gelernt habe.

Das sind zwei einfache Dinge, die man jeden Tag tun kann. Es dauert jeweils etwa fünfzehn Sekunden. Jeder kann das tun.

Kapitel VIII

Das Internet veranschaulicht beispielhaft, wie wir alle durch Gott verbunden sind. Wir hegen die Illusion, dass wir allein sind, aber wir sind alle miteinander verbunden. Es mag so erscheinen, als seien wir nur mit einigen wenigen Freunden verbunden, aber die Realität ist, dass wir mit weiteren drei Milliarden Menschen verbunden sind, wenn wir im Internet sind. Mit Gott ist es ebenso – es ist ein Bewusstsein, das die gesamte Schöpfung durchdringt, und jeder von uns ist darin wie ein Terminal. Wir alle sind wie individuelle Internetseiten, mit einzigartigen Erscheinungsformen, Eigenschaften, Macken, Schönheiten und Bestimmungen.

Ungeachtet unserer individuellen Unterschiede sind wir alle durch Gottes Universales Bewusstsein miteinander verbunden. Im erleuchteten Bewusstsein erkennst du, dass du überall bist, und in jedem bist, und es gibt keine Begrenzung; Erleuchtung ist unbegrenzt.

Meisterschaft liegt jenseits der Erleuchtung, denn du bist nicht nur grenzenlos, sondern du bist immer noch fähig, als Individuum zu funktionieren. Das ist der Grund, warum es so wichtig ist, andere Menschen als Aspekte deiner selbst zu betrachten – denn jedermann ist es. Wir sind alle Teile desselben Gottes-Bewusstseins, derselben Gott-Gegenwart. Selbst wenn dir jemand das Leben schwer macht, versuche Gott in dieser Person zu sehen; dass sie vielleicht dort hingestellt wurde, um dich herauszufordern und dir zu helfen, irgendeine Schwäche zu überwinden.

Meditation hilft dir, zu dieser Erkenntnis zu gelangen.

Du siehst von außen, wer du bist, und du erkennst, dass deine Persönlichkeit nur ein Programm auf deinem Computer-Bildschirm ist. Wenn dir Teile des Programms nicht gefallen, überschreibe sie!

Beobachte zunächst, wie das Programm funktioniert. Während du über ein Programm meditierst, beobachtet ein Teil deines Geistes das Funktionieren eines anderen Teils. Es ist wie das Aktivieren eines Antivirenprogramms. Du bekommst die Option, das Virus zu löschen. Geh voran und drücke LÖSCHEN.

Wenn in dir Ungeduld oder Ärger aufsteigt, erkenne, dass es nur ein Fehler in deinem Ego-Programm ist. Du musst dich mit diesen Signalen nicht identifizieren. Du siehst es lediglich als einen Teil der Lektion an, die du gerade lernst. Du kannst die Person, die dich verärgert, als eine Manifestation Gottes annehmen, wie auch du selbst es bist. Du weißt nicht wirklich, was ihr Zweck ist, aber wenn ihr Verhalten etwas in dir auslöst, dann ist es etwas, das es im Programm anzuschauen gilt. Überschreibe das Programm, damit es dir besser dient, und geh einen Schritt voran zur Selbst-Meisterung.

Vorsätze

Gegen Ende eines Jahres fragen die Menschen, „Hast du einen Vorsatz für das neue Jahr?" Ich glaube, darin ist etwas Tiefgründiges. Vielleicht können wir uns alle anschauen und fragen, „Gibt es etwas, das ich hinter mir lassen möchte?" Wir brauchen nicht einmal bis zum Ende des Jahres warten, wir können es jetzt tun.

Beobachte etwas, das du hinter dir lassen möchtest. Du

könntest sagen, „Ich sehe, ich hatte eine gewohnheitsmäßige Reaktion bezüglich dieser Person, dieses Zustandes, oder dieser Idee, und ich werde im kommenden Jahr frei davon sein. Nimm dir eine Minute Zeit, und schau deine Vergangenheit wie einen Film an. Nimm ein Ereignis, das bei dir eine negative Reaktion ausgelöst hat. Dann schau, wie ein Schauspieler auf der Bühne, wie du deine Rolle anders spielen kannst. Anstatt mit jemandem in strengem Ton zu sprechen, sei ein bisschen liebevoller. Schau, wie du deine Rolle ändern kannst. Die gleiche Situation wird immer wieder auftauchen, und dir Gelegenheit geben, deine Rolle anders zu spielen, bis du in dieser Situation Meisterschaft erlangt hast. Wende deine Aufmerksamkeit nach innen und sage:

Ich löse das nun auf und verzehre es in der Violetten Verzehrenden Flamme.
Es ist verschwunden! Gott sei Dank!
Von jetzt an ersetze ich das mit der Vollkommenheit Gottes.
Ich identifiziere mich nun mit meinem Meister-Selbst, mit meiner ICH BIN-Gegenwart, Die völlig rein und vollkommen ist.

Du kannst von dir sagen, dass du Fortschritte machst, wenn deine negativen Reaktionen weniger oft vorkommen. Wenn du beginnst, mehr Mitgefühl, Geduld und Verständnis für die Menschen aufzubringen, dann machst du Fortschritte.

Wenn du meinst, nicht schnell genug voranzukommen, oder dass diese Übungen zu schwierig sind, oder wenn du keine Zeit für diese Übung hast, dann tue einfach etwas Gutes für jemand anderen. Du brauchst nicht stundenlang in Meditation sitzen oder unzählige Niederwerfungen zu machen. Sieh dich einfach um, und schau, was du für jemand anderen tun kannst.

Es muss nicht kompliziert sein. Es könnte einfach ein Lächeln sein, jemandem die Tür aufhalten, oder ein freundliches Worten sagen. Vielleicht gibt es jemanden, den du oft siehst und der dich zu denken veranlasst, „Was für ein unangenehmer Mensch, mit dem möchte ich nichts zu tun haben."

Was würde geschehen, wenn du auf diese Person zugingest und sagtest, „"Hallo, wie geht es dir heute?" Oder, „Ein schöner Tag heute, nicht wahr?" Auch wenn sie negativ reagiert, du hast für einen anderen etwas getan, und du wirst dich gut damit fühlen. Du wirst schließlich Ergebnisse sehen, auch wenn es so lange dauert wie das Schmelzen eines Eiszapfens. Es gab in einem Cafe, in das ich oft ging, eine Bedienung, die zu jedem nett zu sein schien, nur mir gegenüber war sie immer mürrisch. Über ein Jahr lang lächelte ich sie an und versuchte Scherze zu machen, aber sie zeigte mir immer die gleiche grimmige Miene. Ich sagte weiterhin:

ICH BIN Göttliche Liebe, die sie umfängt.
Ich bin die Violette Verzehrende Flamme,
die jegliche Negativität in ihr auflöst und verzehrt.

Dann, eines Tages, brach sie in Gelächter aus über einen

meiner albernen Scherze, und von da an lächelte sie und war freundlich zu mir, wenn ich kam.

Es muss nicht jemand sein, den du als negativ betrachtest. Es könnte einfach ein Bankkassierer sein, oder eine Kassiererin im Markt. Du kannst sagen, „Ich wünsche Ihnen einen guten Tag," oder, „Sie machen Ihre Arbeit gut hier,", oder, „Sie sind sehr freundlich." Es ist leicht. Je häufiger du es tust, desto lieber wirst du es tun. Die Leute werden recht bald anfangen, dich sogar zu mögen.

Viele Menschen sind so einsam. Doch das kannst du ändern, indem du einfach mit ihnen sprichst. Etwa fünfundvierzig Prozent der Menschen über fünfzig Jahre haben nicht einen einzigen Menschen, mit dem sie reden können. In dem Anzeigenblatt Craigslist sah ich die Anzeige einer Großmutter, die darum bat, einen der Weihnachtstage in einer Familie zu verbringen. Sie lebte allein und wollte einen Tag lang Teil einer Familie sein, und sie bot an, beim Essen kochen zu helfen. Wenn du jemanden siehst, der elend oder schlecht gelaunt aussieht, dann fühlt diese Person sich womöglich einsam oder sie hat Schmerzen. Viele von uns nehmen die Negativität des anderen persönlich, aber es hat eigentlich selten etwas mit uns zu tun.

Spontanes Erscheinen der Violetten Tara

Ich möchte mit euch etwas teilen, das sich kürzlich ereignete. Mitten in der Meditation erschien spontan die Violette Tara. Dies war das erste Mal, dass ich Sie von Angesicht zu Angesicht sah, ohne Sie anzurufen oder zu visualisieren.

Wenn du diese tantrische Praktik beginnst, erfordert es

anfangs Mühe, Sie sich als real vorzustellen. Aber wie es mit allem ist, je mehr Energie du einbringst, desto realer wird Sie. Nachdem ich Sie vorher viele Male angerufen und visualisiert hatte, wählte die Violette Tara diesen Augenblick, um zu erscheinen. Plötzlich war Sie da, lächelte und legte segnend Ihre Hand auf meinen Kopf. Die Violette Tara dankte mir dann, dass ich mit dieser Gruppe begonnen hatte, und für all die Arbeit, die wir tun, um Sie in Aktion zu rufen.

Einige Tage zuvor hatte ich eine volle Niederwerfung am Boden getätigt, und stellte mir vor, wie Sie vor mir steht. Ich berührte mit meinen Händen Ihre Füße und sagte, „Geliebte Violette Tara, ich liebe Dich. Bitte sei eine wirkliche Gegenwart in meinem Leben, um anderen Menschen zu helfen." Einige Tage später war das nun Ihre Antwort.

Manchmal geschehen Dinge nicht genau dann, wenn du es erwartest, oder denkst, dass sie geschehen sollten, sondern sie geschehen in ihrer eigenen vollkommenen Göttlichen Zeit und Reihenfolge. Dies war die Göttliche Zeit für Ihr spontanes Erscheinen.

Globale Sangha der Violetten Tara

Ich finde es großartig, dass das Buch, *ICH BIN die Violette Tara,* das Saint Germain mich bat, zu schreiben, eine Facebook-Gruppe inspiriert hat, in der alle, die diese Übungen praktizieren, miteinander kommunizieren können. Gemeinschaft, Sangha genannt, ist eine der Drei Juwelen des Buddhismus. Die anderen zwei Juwelen sind Buddha (Bewusstsein) und Dharma (spirituelle Praxis). Ob du dich dieser Gruppe anschließt oder allein praktizierst, ich bin mir der Liebe und Vergebung und des Mitgefühls gewahr, das ihr erzeugt, und das hinausgeht, um der Menschheit zu dienen. Unser Gelöbnis, Erleuchtung zum Wohle anderer zu erlangen, und dabei Meister zu werden, hebt das Massenbewusstsein an. Ich fühle auch einen persönlichen Segen von der Violetten Tara-Facebook-Gruppe ausgehen, und ich möchte den Organisatoren danken. Ich laden dich ein, dich den anderen in der Welt anzuschließen, wenn wir täglich eine Woge des Violetten Feuers auslösen, die über die Erde fegt. Besuche: www.facebook.com/groups/VioletTara/

Meditation über die Vollkommenheit Gottes

Sei ruhig, beobachte das Heben und Senken deiner Brust, das Einatmen und Ausatmen. Sage und fühle:

Mir wird gezeigt, was ich im kommenden Jahr zurücklassen möchte. Ich rufe die Violette Tara an, dass Sie mich mit einer Säule des Violetten Lichts umgibt. Dieses Violette Feuer wogt in mir, um mich herum und durch mich hindurch, und durch meine Aura, und löst alles auf und verzehrt alles, das weniger als Vollkommenheit ist, durch die Kraft Gottes, die ICH BIN.

ICH BIN die Violette Tara und sende die Violette Verzehrende Flamme durch die ganze Erde, die alles auflöst und verzehrt, das weniger als Vollkommenheit ist. ICH BIN Göttliche Weisheit, Vergebung und Liebe, die zur Menschheit flie-

ßen. Es wird mir gezeigt, inwiefern ich anders sein möchte, welche Qualitäten ich in mir entwickeln möchte. Ich sehe mich nun als diese neue Person. Es werden mir neue Wege des Handelns gezeigt, gegenüber anderen und dem Leben selbst. Ich werde mich nicht mehr als Opfer sehen. Ich übernehme den vollständigen Besitz meiner Gedanken, Gefühle und Emotionen. Ich gehe voran als eine Meister-Gegenwart, um anderen zu dienen und zu helfen, auf jede mir mögliche Weise. Ich rufe die Aufgestiegenen Meister auf, herbeizukommen und mir zu helfen.

Du wirst die Führung wohl nicht akustisch hören; du wirst wahrscheinlich morgens einfach mit einem Wissen aufwachen. Es kann sein, dass du einen Antrieb fühlst, etwas anders zu tun, oder einfach Projekte, an denen du arbeitest, zu Ende zu bringen. Es bedeutet nicht, dass es eine dramatische Veränderung geben wird; große Veränderungen in unserem Leben kommen oft unerwartet. Es ist nicht so, dass sich alles sofort verändert; es mag dir ein Plan gezeigt werden, der sich im Laufe der Zeit entfaltet. Während die Dinge in deinem Leben auftauchen, wirst du ein Wissen darüber haben, dass es richtig ist. Du wirst in deinem Herzen fühlen, dass dieses Wissen der Göttliche Plan ist. So ist es, wie sich Meditation in Aktion in deinem Leben manifestieren wird. Rufe deine ICH BIN-Gegenwart mit der Affirmation an:

Wenn ich morgens aufwache, erinnere ich mich, was mir gezeigt wurde, und ich manifestiere den Göttlichen Plan Gottes in meinem Leben.

Wenn du aufwachst, kannst du sagen und fühlen:

*Ich akzeptiere nun freudig die Gott-Gegenwart, die ICH
BIN, und freue mich über den Göttlichen Plan, den meine
Gott-Gegenwart für mich bereithält. ICH BIN die
Gott-Gegenwart in Aktion, jetzt und immer.*

Fragen und Antworten zu Kapitel VIII

F: Wie bekomme ich Führung?

P: Lass alles los. Ruhe einfach im Nicht-Denken, Nicht-
Sein. Du kannst dir deines Einatmens und Ausatmens gewahr sein, dem Heben und Senken deiner Brust. Wenn Gedanken aufkommen, markiere sie als 'Gedanken', und
komm zurück zu deinem Atem, dem Heben und Senken
deiner Brust...Einatmen und Ausatmen... Heben und Senken. Allmählich wird sich dein Geist verlangsamen. Du beginnst, im Raum zwischen den Gedanken zu verweilen – in
der Leerheit – leer von Gedanken und Emotionen, aber
voll von Bewusstsein und Frieden. Du bist nicht mehr mit
einem Ego identifiziert, sondern mit einem größeren
Selbst, das eins ist mit allem, erfüllt mit Vertrauen und Wissen.

Dieses Selbst, das du in der Nähe deines Herzens fühlen
kannst, weiß, was zu tun ist, kennt die Antworten auf alles,
und kennt den Göttlichen Plan für dein Leben. Jedoch sagt
es dir nicht unbedingt, was zu tun ist, denn das würde dich

von deiner Spontanität abhalten, vom Handeln im Augenblick – wo Wachstum und Meisterschaft erlangt werden.

Du wirst wahrscheinlich alle möglichen Stimmen hören, die dir sagen, was zu tun ist, und du wirst nach ihnen greifen, auf deiner Suche nach Führung. Beachte sie nicht. Ruhe in der Stille und affirmiere mit Liebe und Gewissheit:

Mir wird gezeigt, was in der vollkommenen Göttlichen Ordnung zu tun ist, und ich tue es vollkommen.

Fahre fort, in der Stille zu verweilen, die Energie deines Wahren Selbst zu fühlen, die dein Bewusstsein erfüllt. Dieses Wissen erfüllt sogar die Zellen deines Körpers, und hält sie dem Göttlichen Plan entsprechend am Funktionieren. Vertraue darauf, dass jeder Atemzug, den du machst, von der Gegenwart kommt, die du bist, und dass jeder Herzschlag ein Geschenk von derselben Liebenden Gegenwart ist. Diese Gegenwart, die dir Leben gibt, wird dich vollkommen führen. Während du in dieser Gegenwart ruhig bleibst, wirst du wissen, was zu tun ist, wenn der Augenblick kommt – und du wirst es tun. Während du aus der Meditation kommst, gehe weiter und affirmiere:

Ich gehe dahin, wohin ich gehen soll,
tue das, was ich tun soll,
in vollkommener Göttlicher Ordnung.

Stimme dich ein auf dein Herz, auf die allwissende Gegenwart im Innern. Dies ist die innewohnende Gegenwart, die alles weiß, und die dich zu deiner Bestimmung führen wird. Die Führung zeigt sich in Form eines Gefühls. Vertraue diesem Gefühl.

Während du voranschreitest, wirst du entweder mehr Energie und Vertrauen fühlen, oder weniger; wenn es mehr Energie ist, ist das eine Bestätigung, dass du dem Göttlichen Plan folgst; wenn es weniger ist, dann folgst du dem Ego-Bewusstsein, oder Einflüsterungen von anderen. Bleib bei deinem Gefühl in deinem Herzen. Dieses Gefühl ist die Führung, die du suchst.

KAPITEL IX

Gott segne das...

Viele Menschen sind aufgebracht über die Lage der Welt. Dieser Ärger zieht deine Aufmerksamkeit von deiner grundlegenden Güte ab. Er erschwert auch deine spirituelle Arbeit. Wir werden jeden Tag mit Nachrichten konfrontiert, die wahr sein mögen oder auch nicht. Auch wenn diese Geschehnisse und Geschichten beunruhigend sein können, so gibt es doch etwas Einfaches, das wir tun können, um uns davon zu lösen, und das ist, sie zu segnen – was immer sie sind. Sage einfach:

Gott segne diese Situation.
Gott segne diesen Menschen.

Ein Highschool-Freund von mir erzählte mal, dass seine Mutter, ganz gleich was er getan hatte, stets sagte, „Was soll's, deine Seele sei gesegnet". Auch wenn er mit einem Baseball eine Fensterscheibe zerschlagen hatte, sagte sie, „Was soll's, deine Seele sei gesegnet." Er bemerkte, wie gut er sich dadurch fühlte, anstatt betrübt zu sein. Das bedeutete, dass er nicht schlecht war, wenn er etwas schlechtes tat. Er blieb in Ordnung, er blieb gut.

Wenn du versuchst, Schuld zuzuweisen, dann gibt es da tatsächlich kein Ende. Wenn du Geschichte studierst mit dem Ziel der Schuldzuweisung, ist es schwierig, den Anfang zu finden, was, wann und wo schief gelaufen ist. Wo be-

gann die Schuld? Du kannst sie bis zum Garten Eden zu-
rückverfolgen, und Eva die Schuld dafür geben, dass sie
Adam den verbotenen Apfel angeboten hat.

Anderen Schuld zuzuweisen, ist nicht nur nutzlos, sondern kontraproduktiv. Auch wenn dir nicht gefällt, was pas-
siert ist, anstatt jemandem die Schuld zu geben, segne ihn.
Mach dir bewusst, dass wir mehr sind, als unsere Handlungen, und dass eine Schuldzuweisung die Situation nur ver-
schlimmert.

Wenn du über einen Politiker schlechte Gedanken hegst,
fügst du seiner Negativität nur mehr davon hinzu. Sage besser, „Was soll's, seine Seele sei gesegnet!" Als ich in den
Nachrichten las, dass ein ausländischer Militärgeneral er-
mordet worden war, versuchte ich nicht zu klären, ob er ein
guter oder schlechter Mensch war, und ob wir (die Ameri-
kaner; d. Übers.) das hätten tun sollen oder nicht, sondern
ich sagte, „Nun, Gott segne diesen Mann." Ich fühlte mich
dadurch besser und brachte etwas Güte in die Situation.

Wir können das jeden Tag tun. Wenn jemand auf dich
wütend ist, dann ist es gewöhnlich so, dass es etwas ausgelöst hat, was in ihm selbst ist. Vielleicht hat er nicht erkannt, was er getan hat. Anstatt darauf zu reagieren, versuche das Leid dieser Person zu verstehen, das in ihr den Ärger hat aufsteigen lassen – und habe Mitgefühl. Denk im
Stillen, „Nun gut, ich segne diese Person. Gott segne ihre
Seele."

Gestern traf ich bei der Post einen Freund, und er erzählte mir etwas Schlechtes über einen gemeinsamen
Freund. Ich war versucht, diesem gemeinsamen Freund
nicht mehr zu vertrauen. Dann sagte mein Freund etwas

Gutes über diesen Bekannten. Dies verursachte in meinem Geist Unklarheit, und ich fragte mich, ist dieser gemeinsame Freund nun gut oder schlecht?

Ich löste dieses Dilemma sogleich auf, indem ich mir klarmachte, dass dieser eine grundlegende Güte besaß, ganz gleich, was er getan hatte. Ich sagte mental, „Gott segne ihn," und beschloss, die Vorstellung von ihm als einem gutem Menschen zu halten, dass er das Licht Gottes in seinem Herzen hatte. So weit ich weiß, gibt es Leute, die sagen, ich hätte etwas Schlechtes getan, also gab ich ihm die gleiche Gnade, die ich wünsche, von andern zu erhalten. Es läuft darauf hinaus, was Jesus sagte:

Richte nicht, dass du nicht gerichtet wirst.

Es ist ein großartiges Gefühl, wenn du das tun kannst. Denk an jemanden, der dich verletzt hat, und sage, „Nun, seine Seele sei gesegnet." Es ist eine Erleichterung, die du fühlen kannst. Wenn du etwas tust, das weniger als vollkommen ist, erkenne deine grundlegende Güte und segne dich selbst. Du kannst sagen:

Gott segne meine Seele.

Die buddhistische Philosophie geht davon aus, dass wir alle grundlegende Güte besitzen, was bedeutet, dass dasselbe Licht des Bewusstseins, dieselbe Liebe in uns allen ist. Jesus sagte das gleiche, „Das himmlische Königreich ist in dir." Du kannst sagen:

ICH BIN gut, und jeder, den ich sehe, ist gut.
Ich liebe jeden, und jeder liebt mich.

Denk an jemanden, der dich verletzt hat, und anstelle einer Reaktion, denke:

Nun, seine Seele sei gesegnet.

Es ist eine Erleichterung, oder?

Bedeutung des Selbst-Wertes

Wir nehmen einige dieser Vorstellungen über unseren Mangel an Selbst-Wert in der Kindheit auf. Da gibt es die Geschichte über die zwei Hunde, die sich auf dem Gehsteig getroffen haben, und ein Hund sagte zu dem anderen, „Wie heißt du"? Er sagte, „Fido. Wie heißt du?" Der andere Hund antwortete, „Ich heiße Böser Hund."

Das sagten seine Besitzer zu ihm, als er auf das Sofa sprang, oder versuchte, vom Esstisch zu fressen; sie sagten, „Böser Hund! Böser Hund!" Nun, der Hund bekam den Gedanken, dass das sein Name war. Kommt dir das vertraut vor? Wir sind alle genau so. Als du ein Kind warst, haben deine Eltern vielleicht zu dir gesagt, „böser Junge," oder „böses Mädchen," und diesen Tadel hast du immer noch verinnerlicht. Dieser Tadel, der Selbstzweifel und der Mangel an Eigenliebe, muss geheilt werden. Meditiere über deine grundlegende Güte, und fühle wieder Liebe für dich selbst.

Wenn du in ein Café gehst, denkst du vielleicht, „Diese Leute beurteilen mich, vielleicht haben sie eine negative Geschichte über mich gehört, oder sie mögen mein Aussehen nicht." Du kannst diese Erwartung der Ablehnung ändern, indem du dich auf deine grundlegende Güte einstimmst. Sieh das Kind, das du einst warst – nun in deinem Herzen bewahrt. Sag zu diesem Kind:

Ich liebe dich, ... (dein Name).

Halte diese Liebe in deinem Herzen, dehne sie aus und teile deine Liebe mit anderen, indem du sagst und fühlst:

Ich weiß, dass diese Leute mich lieben, denn „ICH BIN" Liebe. Ich weiß, dass die Liebe in ihren Herzen die Liebe in meinem Herzen fühlt.

Schließe deine Augen, dann sage und fühle:

ICH BIN gut. ICH BIN Liebe.

Fühle die Liebe in deinem Herzen, und stell dir eine goldene Sonne mit einer rosa Aura vor. Sage und fühle:

Meine Liebe und Güte strahlen auf jeden um mich herum aus, auf jeden in diesem Raum, in dieser Stadt, in diesem

Land und in der Welt.

Erkenne, dass du ein guter Mensch bist. Sage zu dir selbst und fühle:

ICH BIN eine guter Mensch, und ICH BIN geliebt.

Wiederhole mit tiefem Gefühl und Wissen:

ICH BIN geliebt...ICH BIN geliebt...ICH BIN geliebt,
denn ICH BIN Liebe.

Wenn dir in letzter Zeit niemand gesagt hat, dass er dich liebt, dann sollst du wissen, dass jeder in unserer Gruppe dich liebt. Ich liebe dich. Saint Germain liebt dich. Jesus liebt dich. Und die Violette Tara liebt dich. Am wichtigsten ist: deine Gott-Gegenwart, die dich jede Sekunde erhält, liebt dich. Sage und fühle tief:

ICH BIN die Verkörperung Göttlicher Liebe, die durch mich
ausstrahlt, um jeden zu segnen, dem ich begegne.

Nach einiger Zeit wirst du feststellen, dass die Menschen anders auf dich reagieren. Du wirst dich mehr akzeptiert fühlen, mehr anerkannt und geliebt, als der, der du bist.

KAPITEL X

Violette Tara-Meditation: Kurzfassung

Dies ist der Kern der Violette Tara-Praktik, in kurzgefasster Form:

Ich rufe die Violette Tara an, hervorzutreten.
Saint Germain, bitte ermächtige diese Praktik.
Manifestiere die Violette Tara als Göttin der Vergebung
in meinem Leben.
Mache Sie zu einer lebendigen Kraft für Güte, Erleuchtung
und Freiheit.

Die Violette Tara erscheint aus einem schönen violetten Nebel vor dir. Aus Ihrem Herzen strömt rosa Licht. In der Mitte Ihres Herzens befindet sich eine goldene Sonne. Sage und fühle:

Geliebte Violette Tara, bitte komme in mein Leben und meine
Welt, und sei bei mir in dieser Woche. Ich bitte dich um
Deinen Segen. Komme und löse auf und verzehre alles,
was weniger als Vollkommenheit ist. Werde Eins mit mir.

Sie kommt auf dich zu, und löst sich zu einer Kugel Violetten Lichts auf, die in dein Herz eintritt. Du denkst und fühlst, „ICH BIN die Violette Tara." Fühle, wie das Violet-

97

te Licht in jede Zelle deines Körpers eintritt und deine Schwingungsfrequenz erhöht, wie sie alle negativen Gedanken, Gefühle, Urteile und mangelnde Gesundheit auflöst. Sage und fühle:

ICH BIN die Tara des Violetten Feuers,

ICH BIN die Reinheit, die Gott wünscht.

Erhebe dich über die Erde in deiner neuen Form als Violette Tara. Erhebe deine Hände und sende einen Strahl Violetten Lichts aus jedem Handteller und aus deinem Herzen. Du schließt dich mit anderen zusammen, um einen Kreis um die Erde herum zu bilden, und um Violettes Feuer auf die Erde zu senden, wo immer es gebraucht wird. Sage und fühle:

ICH BIN die Violette Tara und sende Violettes Feuer auf die Erde, in alles und jede Situation, die es benötigt, und löse auf und verzehre alles, was weniger als Vollkommenheit ist, und erhöhe alles in Seine Vollkommenheit.

Allmählich nimmt die Erde eine violette Aura an. Violettes Licht breitet sich über unser Sonnensystem aus, in unserem Universum und in allen Universen, und erhöht alles in seinen vollkommenen Zustand. Sage und fühle:

ICH BIN ein Wesen des Violetten Feuers,

und woge hervor, wo immer es nötig ist.

Komme allmählich zur Erde zurück, und fühle dich noch immer als Violette Tara, und deinen Körper als einen Amethyst. Sollte in deinem Körper irgendein Schmerz oder eine Anspannung gewesen sein, sind diese jetzt verschwunden. Fühle das Licht und die Vollkommenheit in jeder Zelle. Sage und fühle:

ICH BIN die Gegenwart der Violetten Tara,
ICH BIN die Reinheit, die Gott wünscht.
ICH BIN die Violette Tara, die meinen Geist, meinen
Körper und die Welt reinigt.

Bringe diese Energie allmählich in dein Herz und fühle die große Gottes-Flamme, die in der Mitte deiner Brust als die Gegenwart Gottes in dir verankert ist.

Du bist nie auch nur einen Augenblick von Gott getrennt. Du warst immer und wirst immer eine Gott-Gegenwart sein. Auch wenn du an dieser Illusion der begrenzten physischen Form teilnimmst, so bist du doch ewig. Sage, wisse und fühle:

ICH BIN, ICH BIN, ICH Weiß, ICH BIN die Gegen-
wart Gottes in Aktion, genau hier und jetzt, vollkommen
unterstützt während der kommenden Woche.

ICH BIN, ICH BIN, ICH Weiß, ICH BIN
Gott in Aktion in jeder Situation.

ICH BIN die Violette Tara und löse auf und verzehre
alle Hindernisse.
Weile über mir, und segne alle, denen ich begegne.

Denk daran, immer, wenn du jemanden oder etwas
siehst, das weniger als vollkommen zu sein scheint, dann
sagst du:

Deine Seele sei gesegnet.

Oder:

Dieses sei gesegnet.

Beende mit:

Danke, Violette Tara, danke, Saint Germain.
Danke, geliebte Gegenwart Gottes, die ICH BIN. Ich weiß,
Du bist immer bei mir, und ICH BIN Du, und Du bist ich.
Wir sind eine Gemeinschaft, und wir erlangen Liebe, Weis-
heit, Mitgefühl und Meisterschaft in dieser Welt der Illusion.

Kapitel XI

ICH BIN-Affirmationen

Großer Göttlicher Direktor:

ICH BIN der Große Göttliche Direktor meines Tages.

ICH BIN der Große Göttliche Direktor meines Lebens, meines Seins und meiner Welt.

ICH BIN der Große Göttliche Direktor aller Regierungen der Erde.

ICH BIN der Große Göttliche Direktor meines Unternehmens.

ICH BIN der Große Göttliche Direktor all meiner Beziehungen.

ICH BIN, trete in mir und durch mich hervor, den ganzen Tag, und bringe in allen Aktivitäten den Göttlichen Plan zustande.

Mir wird gezeigt, wie ich ein besserer Mensch sein kann, welche Qualitäten ich entwickeln soll, und ICH BIN diese neue Person!

Ich rufe die Aufgestiegenen Meister an, herbeizukommen, und mir in allem zu helfen, das ich tue.

ICH BIN Saint Germain dankbar, dass er diese Lehren für die Menschheit verfügbar gemacht hat.
Ich danke dir, und es ist getan.

Violette Tara:

ICH BIN die Violette Tara.

ICH BIN die Tara des Violetten Feuers,
ICH BIN die Reinheit, die Gott wünscht.

ICH BIN die Gegenwart Gottes, manifestiert als Violette
Tara, und strahle Reinheit, Vergebung und Freiheit zur
Menschheit.

ICH BIN die Violette Tara, die strahlende Göttin aus dem
Herzen der Schöpfung.

ICH BIN die Violette Tara, löse auf und verzehre alle
Negativität in...(Ort deiner Wahl).

ICH BIN die Tara des Violetten Feuers, und lodere die
Violette Verzehrende Flamme, in, um und durch...
(Ort deiner Wahl).

Geliebte Tara, bitte weile über mir in einer schönen rosa
Lotusblüte. Ich bitte dich, während der kommenden Woche
herbeizukommen, wo immer es nötig ist, und jeden zu segnen,
den ich kontaktiere oder an den ich nur denke.

ICH BIN die Violette Tara, strahlende Göttin aus dem
Herzen der Schöpfung. Ich ergieße Liebe, Reinheit, Weisheit
und Vergebung, wo immer es nötig ist, und verwandle alles in
seine innewohnende Vollkommenheit, und bringe Gottes
Göttlichen Plan auf die Erde, in diesem Augenblick.
So sei es.

ICH BIN die Violette Tara, und lodere die Violette Verzehren-
de Flamme durch die ganze Erde, und löse auf und verzehre

102

alles, das weniger als Vollkommenheit ist.

ICH BIN die Violette Tara, und heile meinen Körper in diesem Augenblick.

ICH BIN die Gegenwart der Violetten Tara.

ICH BIN die Reinheit, die Gott wünscht.

ICH BIN die Violette Tara, und verzehre alle Hindernisse.

ICH BIN im Mittelpunkt der Erde, und strahle Violettes Feuer durch diesen Planeten nach außen in den Weltenraum.

Die ICH BIN-Gegenwart:

ICH BIN die Gegenwart Gottes, die ICH BIN.

ICH BIN die Gegenwart des Lebendigen Gottes.

ICH BIN Gott in Aktion diesen ganzen Tag.

Mir wird der nächste Schritt gezeigt, und ich tue diesen Schritt in vollkommenem Vertrauen.

Ich sehe mich nicht mehr als Opfer, denn ICH BIN Gott in Aktion.

ICH BIN, ICH BIN, ICH Weiß, ICH BIN die Gegenwart Gottes in Aktion, genau hier und jetzt, vollkommen unterstützt während der kommenden Woche.

ICH BIN Göttliche Weisheit, Vergebung und Liebe, die in die Menschheit fließen.

ICH BIN ein Weißes Feuer-Wesen aus dem Herzen der Großen Zentralsonne.

Liebe, Vergebung und Fülle:

ICH BIN Vergebung.

ICH BIN eine guter Mensch, und werde von allen geliebt.

*ICH BIN geliebt...ICH BIN geliebt...ICH BIN geliebt,
denn ICH BIN Liebe.*

*ICH BIN die Verkörperung Göttlicher Liebe, und strahle
hinaus, um jeden zu segnen, dem ich begegne.*

*ICH BIN die Fülle Gottes, manifestiert in meinen Händen
und zu meiner Verwendung, damit ich für die Menschheit von
Nutzen sein kann.*

KAPITEL XII

Zusätzliche Meditationen und Übungen

ICH BIN ein Weißes Feuer-Wesen.

Weil dies eine Zeit ist, in der wir das Licht in uns und auf dem ganzen Planeten verstärken müssen, verwende die Affirmation, die die Einheit mit der Gott-Gegenwart als Quelle der Schöpfung anruft:

ICH BIN die Gegenwart des Lebendigen Gottes, denn ICH BIN ein Weißes Feuer-Wesen aus dem Herzen der Großen Zentralsonne.

Die Zentralsonne ist das ätherische Zentrum aller Welten und deren Universen, du kannst sie also als die Gottheit betrachten. In ihr haben wir alle unseren Ursprung, also beanspruchst du deine Gottheit als Göttliches Wesen vom Zentrum der Schöpfung. Das kannst du jederzeit sagen, besonders, wenn du dich unter Druck fühlst.

Jedes Menschen ICH BIN-Gegenwart ist ein Strahl aus der Großen Zentralsonne, der sich als individueller Strahl manifestiert, und an dessen Ende sich eine Lichtkugel befindet. Das bist du, und das wirst immer du sein. Diese ICH BIN-Gegenwart ist ewig; sie existiert außerhalb von Raum und Zeit. Deshalb gehen wir in uns, und affirmieren und verstärken das Licht unserer Gott-Gegenwart. Wir rufen Sie auf, da, wo wir sind, genau so, wie wir die Violette Verzehrende Flamme aufrufen. Du bist ein machtvolles Wesen, denn du bist die Gegenwart Gottes. Wo immer du in diesem Augenblick bist, kannst du den Lauf der Welt verändern.

Dialog mit deiner ICH BIN-Gegenwart

In der Meditation mit deiner ICH BIN-Gegenwart kannst du, direkt in diesem Augenblick, in dein Gott-Selbst aufsteigen, diese goldene Lichtkugel über dir, die von einem Regenbogen umgeben ist. Das Licht und die Energie in dir nehmen zu, und jegliche negativen Energien werden in der Violette Flamme entfernt. Nun schaust du deine ICH BIN-Gegenwart und du sagst, „ICH BIN DER ICH BIN DER ICH BIN."

Deine ICH BIN-Gegenwart vermittelt dir reines Glück und antwortet, „Endlich hast du Mich gefunden. Ich möchte, dass du weißt, ICH BIN für dich immer da, in jedem Augenblick. Richte einfach deine Aufmerksamkeit auf Mich. Kontaktiere Mich in deinem Herzen, denn das ist der Ort, wo Ich in deinem physischen Körper weile. Ich komme auch durch deinen Geist und durch alle deine Chakren, aber kontaktiere Mich durch dein Herz. Nicht nur bin Ich dort für dich allezeit, ICH BIN du. Dein sogenanntes menschliches Selbst ist nur eine Verlängerung von Mir, eine Marionette in der Welt der Dualität. Je mehr du über Mich meditierst, desto mehr wirst du ICH, und wirst ein voll bewusster Meister in der Welt, fähig, Wunder zu wirken, und alle anderen zu ihrer wahren Natur zu erwecken, durch die Kraft Gottes, die ICH BIN."

Ergieße Liebe und Dank auf deine ICH BIN-Gegenwart. Allmählich wirst du dir deines physischen Körpers unter dir bewusst, und du bringst dieses Licht deiner ICH BIN-Gegenwart hinunter in deine physische Form. Fühle, wie sie prickelt von diesem Licht und Gottes-Bewusstsein, in jeder Zelle, bis hinunter in deine Zehen. Wenn du diese ICH BIN-Gegenwart in deinen physischen Körper bringst, beginnt der physische Körper mit dem Aufstieg. Das nennen sie in Tibet, 'den Regenbogen-Körper erlangen'. Der Aufstieg wird also eigentlich durch Abstieg erlangt. Die ICH BIN-Gegenwart steigt herab in die physische Form, und löst den illusorischen Körper auf. Wir meinen, der physische Körper sei der wirkliche Körper, tatsächlich ist er aber der illusorische Körper. Wenn die ICH BIN-Gegenwart diese Illusion auflöst, bist du ein aufgestiegenes Wesen, und Eins mit deiner Gott-Gegenwart.

Violette Tara-Praktik für die Erde

Stell dich draußen ins Freie oder in die Mitte eines sicheren Ortes, wo du nicht an etwas anstößt. Erinnere dich, Tantra hat drei Bestandteile; Mantra (Affirmation), Mudra (Bewegung oder Geste), und Visualisierung. Transformiere dich in die Violette Tara. Du bist enorm groß und kraftvoll, mit einem Körper wie ein Amethyst. Dein violettes Licht strahlt aus deinem Herzen und aus deinen Händen in den Raum. Stehe im Himmel über dem Nordpol (in der südlichen Erdhälfte über dem Südpol). Strecke deine Arme aus, mit den Handflächen segnend nach unten. Drehe dich im Uhrzeigersinn, und sende Strahlen violetten Lichts in die Erde, und umfange und erleuchte sie mit deiner liebenden

Energie und violettem Licht. Drehe dich weiter langsam im Uhrzeigersinn, drei volle Umdrehungen. Wenn du irgendwelche Orte siehst, die besondere Aufmerksamkeit erfordern, sende violettes Licht in sie hinunter. Während du dich drehst, wiederhole ständig:

ICH BIN die Tara des Violetten Feuers,

ICH BIN die Reinheit, die Gott wünscht!

Nach Beendigung der drei Umdrehungen danke der Violetten Tara, dass sie sich durch dich manifestiert hat.

Danke, Violette Tara, dass du Eins mit mir bist,
um den Menschen der Erde zu helfen.

Anrufung von Saint Germain

Geliebter Meister Saint Germain, bitte ermächtige die
Violette Tara in meinem Leben, augenblicklich, vollkommen
eigenständig, eine lebendige Göttin zum Wohle aller.
Oh, große Violette Tara, Geliebte Göttliche Mutter, Du, die
du eine Ausströmung des Lichtes aus dem Herzen der
Schöpfung bist, mit dem Eins ICH BIN, ich flehe dich an.
Ergieße dein Violettes Feuer der Reinigung in meinen Geist,
meine Gefühle und meine Welt. Reinige und verwandle, wo
immer Reinigung in diesem Augenblick nötig ist.
Danke!
Ich weiß, es ist schon getan.

Widmung des Verdienstes

Die Widmung des Verdienstes ist ein klassisches Gebet des tibetischen Buddhismus, das sich gut als Einleitung oder Abschluss einer Meditation eignet. Verdienst ist nach buddhistischer Terminologie nicht eine Belohnung, sondern eine Energie, die du durch spirituelle Praxis erwirbst.

Welche Tugenden auch immer ich erlangt habe während all meiner vielen Leben bis zu diesem Augenblick, einschließlich des Verdienstes, den diese Praxis hervorbringt, und allem, was ich jemals erlangen werde, dies biete ich dem Wohl aller fühlenden Wesen an. Mögen Krankheit, Krieg, Hunger und Leiden für jedes Wesen vermindert werden, während seine Weisheit und sein Mitgefühl zunehmen, in diesem und in jedem zukünftigen Leben. Möge ich alle Erfahrungen als unbedeutend wie das Traumgebilde der Nacht klar erkennen, und augenblicklich erwachen, um die reine Wahrheit zu erkennen, die sich im Auftauchen jeder Erscheinung zeigt. Möge ich schnell Erleuchtung erlangen, um ohne Unterlass für die Befreiung aller fühlenden Wesen zu wirken. So sei es!

Eine Anrufung der Violetten Tara

Geliebte Göttin Tara, Mutter der Violetten Flamme der Vergebung, hilf uns, die Illusionen dieser Welt zu überwinden. Befreie uns von Unwissenheit und hilf uns, Erleuchtung zu erlangen. Gewähre uns die Fähigkeit, zu vergeben und

Mitgefühl für andere zu fühlen. Kläre alle negative Energie und erhöhe unser Bewusstsein. Wir beten zu Dir: Komme zu uns jetzt, Violette Tara, Mutter der Violetten Flamme.

Meditation um Führung

Rufe deine ICH BIN-Gegenwart mit der Affirmation an:

ICH BIN-Gegenwart, wenn ich morgens aufwache, erinnere mich, was mir gezeigt wurde, und manifestiere den Göttlichen Plan Gottes in meinem Leben.

Wenn du aufwachst, kannst du sagen und fühlen:

Ich akzeptiere nun freudig die Gott-Gegenwart, die ICH BIN, und ich erfreue mich an dem Göttlichen Plan, den meine Gott-Gegenwart für mich bereithält. ICH BIN die Gott-Gegenwart in Aktion, jetzt und immer.

Innere Heilung durch Achtsamkeit

Ich habe so viele Jahre mit der Achtsamkeits-Praxis verbracht, dass ich irrtümlich annahm, jeder würde sie anwenden. Ich habe sie benutzt, um frühe Traumata, Stress und Unwissenheit aufzulösen. Diese Methode ist sehr nützlich, sie ist ein Teil von Buddhas Achtfachem Pfad zur Selbst-Meisterschaft.

Achtsamkeit ist die Kombination des Sonnen- und des Mondpfades. Der Mond repräsentiert die Emotionen und die verborgenen Auslöser, die mit alten Traumata verbunden sind. Während diese durch achtsame Selbstbeobachtung an die Oberfläche kommen, müssen sie im Licht der Sonne, dem bewussten Geist, untersucht werden, durch deren Strahlen sie vertrieben werden.

Die Sonne ist die innewohnende Güte eines Menschen, die Ungespeiste Flamme, die die wahre Identität des Menschen ist. Deshalb ist das Meditieren über die Sonne im Innern, wobei man die äußere Sonne als Erinnerung verwendet, einer der ältesten spirituellen Wege. Während man sich zunehmend mit der Sonne identifiziert, werden Dunkelheit und Unwissenheit aufgelöst. Idealerweise vereinigt man Sonne und Mond auf dem Weg der Selbst-Reinigung und Erleuchtung.

Zur Veranschaulichung stell dir vor, du sitzt an einem Sommermorgen draußen und trinkst deinen Tee, und bemerkst einen unangenehmen Geruch. Im Verlaufe einiger Tage wird dieser Geruch stärker und aufdringlicher. Schließlich beschließt du, der Ursache dieser Unannehmlichkeit nachzugehen, und entdeckst, dass er von der Unterseite eines lange nicht beachteten Steins an der Seite der Eingangsterrasse kommt. Du drehst den Stein um, und entdeckst Schimmel, der dort wächst. Statt den Stein fortzuschaffen oder zu schrubben, lässt du ihn einfach umgedreht in der Sonne liegen. Nach einigen Tagen ist der Geruch verschwunden, und du bringst den Stein wieder in seine alte Lage. Auf die gleiche Weise müssen wir etwaige felsige Stellen in unserer Psyche anschauen, die geprüft und dem Licht des Bewusstseins ausgesetzt werden müssen. Wir müssen uns nicht zwanghaft mit solchen verdrängten Themen befassen, sondern müssen ihnen nur erlauben, sich im Lichte unserer eigenen grundlegenden Güte aufzulösen. Worauf deine Aufmerksamkeit liegt, das wirst du; also richte deine Aufmerksamkeit auf deine innere Sonne.

In früheren Unterweisungen in Meditation gab ich die Methode der Beobachtung der Atmung. Beruhige deinen Geist, fühle das Einatmen und Ausatmen, das Heben und Senken der Brust. Wenn ein Gedanke hochkommt, benenne ihn als 'Gedanke' und kehre zurück zur Atmung. Das ist bekannt als *Shinay*, was soviel bedeutet wie 'in der Ruhe verweilen'. Jedoch ist das erst der Anfang der vollständigen Praktik.

Was sind diese Gedanken und Emotionen, die hochkommen, und was machst du mit ihnen? Diese scheinbaren Ablenkungen sind nicht unser Gegner, im Gegenteil, sie sind tatsächlich der Zugang zum Feuer der Selbst-Reinigung und der endgültigen Befreiung von Stress. Die langjährige Anwendung dieser Praktik ist der Grund, warum buddhistische Mönche Frieden und Ruhe ausstrahlen. So ist es auch mit den Tibetern, die in Lagern der Kommunisten gefoltert und geknechtet wurden, und es nicht nur fertigbrachten zu überleben, sondern nach ihrer Flucht posttraumatischen Stress beseitigten konnten.

Während du dasitzt und deinen Atem beobachtest, frage dich, was du fühlst und woher diese Gefühle aufsteigen. Du kannst sagen, „Ich fühle...", und schau, was hochkommt. Versuche die Komplexität der Emotion, die in einen Film über ein früheres Ereignis eingebettet sein kann, welcher in deinem Geist gespeichert ist, auf so wenige Worte wie möglich, ja vielleicht auf nur ein Wort, wie 'Angst' oder 'Feindseligkeit' zu reduzieren.

Dann könntest du sagen:

Mir wird die Quelle dieser Emotion gezeigt.

Währenddessen beobachtest du jedoch weiterhin deine Atmung. Dies schaltet das rationale Denken aus, das die Kontrolle behalten möchte, um dich weiter in der Opferrolle zu halten. Die Achtsamkeit, die durch die Beobachtung des Atmens etabliert wurde, erlaubt dir, die Arbeitsweise des menschlichen Verstandes von einem sicheren Ort aus zu betrachten. Von außen her bist du in der Lage zu beobachten, wie das Ego funktioniert, wie es dich in der Täuschung versklavt hat. Du beobachtest es nun wie ein Computerprogramm, das du versuchst zu meistern. Ärgerlich oder ungeduldig zu werden, hilft nicht.

Erlaube den verschiedenen Bildern an die Oberfläche des Bewusstseins zu treten, aber anstatt darauf zu reagieren, betrachtest du sie aus der Distanz, wie wenn du auf die Leinwand in einem Kino schaust. Es geschieht außerhalb von dir, und es löst nicht dieselbe Reaktion aus, wie zu jener Zeit, als sich das Geschehnis ereignete.

Was dich davon abhält, wieder in das Drama hineingezogen zu werden, ist nicht nur deine Achtsamkeit, sondern das Bewusstsein über deine grundlegende Güte. Du bist in in deinem Herzen zentriert, was Trungpa Rinpoche den 'empfindsamen Punkt' nannte, wo die Quelle deines Seins verankert ist. Diese Ungespeiste Flamme ist der Brennpunkt des Höheren Selbst, das dir Leben gibt, das dein Herz schlagen lässt. Ohne Ihr Vorhandensein würdest du nicht eine Sekunde lang leben. Indem du deine Quelle fühlst, wirst du dir bewusst, dass du von deiner Gott-Gegenwart geliebt wirst. Sie lässt nicht nur dein Herz schlagen und deine Lungen atmen, Sie vollbringt unzählige weitere Funktionen, um dich lebendig und bewusst zu erhalten. Fühle Dankbarkeit für diese Gegenwart, und erweitere diese Dankbarkeit zu Liebe, nicht nur Liebe zum Selbst, sondern für alle Menschen und alles Leben.

Nun, da du die Liebe für deine grundlegende Güte fühlst, kannst du diese Bilder vergangener Ereignisse anschauen, insbesondere alte Belastungen, ohne dass diese Spannungszustände erneut getriggert werden. Da das Ereignis in der Vergangenheit geschah, gibt es vor allem keine Notwendigkeit, darauf zu reagieren, es ist kein Kampf nötig oder eine Flucht – nur das Anschauen.

Komme immer wieder zu dem beruhigenden Rhythmus der Atmung zurück, welcher die Göttliche Mutter ist, die dich unterhält, die gleiche Mutter, die dich geboren hat, und und immer bei dir war, und für dich gesorgt hat.

Wenn ein Bild aufsteigt, segne es, und segne die Personen, die mit dem Ereignis assoziiert sind. Versuche zu sehen, dass auch sie ein Licht in ihrem Herzen tragen, dass sie grundlegende Güte besitzen, und ein Kind der selben Mutter sind. Sieh, dass ihre Taten, auch wenn sie beabsichtigt waren, aus Unwissenheit resultierten. Hätten sie die Situation wirklich verstanden, insbesondere die langfristigen Implikationen ihrer Handlungen, hätten sie das Karma gekannt, das sie erschufen, dann hätten sie sich anders verhalten. Dieses Verstehen, dass alle schädlichen Handlungen aus Unwissenheit entstehen, ist wie eine 'Du kommst aus dem Gefängnis frei'-Karte. Plötzlich ist die Schuld verschwunden. Zum Beispiel sagst du einem Kind, nicht zu viele Plätzchen zu essen, aber in deiner Abwesenheit isst es die ganze Schachtel. Du hast diese Plätzchen aufgespart, um sie Freunden bei deiner abendlichen Tischrunde zu servieren. Du bist auch enttäuscht, dass dein Kind ungehorsam war, aber wenn du es nun mit Magenschmerzen und Übelkeit siehst, weicht der Ärger dem Mitgefühl. Du erinnerst dich, dass du das gleiche getan hast, als du Kind warst. Du weißt auch, dass dies eine wertvolle Lektion für dein Kind und Teil in seinem Prozess der Selbst-Meisterung ist. Du brauchst es nicht zu bestrafen. Die Strafe hat es schon bekommen. So ist auch die Strafe in jede disharmonische und schadhafte Handlung eingebaut. Du musst die Bestrafung nicht verabreichen.

Während du beobachtest, wie dich eine Person in der Vergangenheit verletzt hat, erkennst du, dass die karmische Vergeltung, die sie erfahren hat oder wird, unausweichlich ein Teil ihres Wachstums und Weges zur Selbst-Meisterschaft ist. Ihre Handlungen sind auch Teil deines Wachstums zur Selbst-Meisterschaft. Tatsächlich mögen ihre für dich schmerzvollen Handlungen karmische Vergeltung für etwas sein, das du ihr in einem vergangenen Leben angetan hast. Atme ihren Schmerz ein, den du als dunkle karmische Wolke um sie hängen siehst, und atme aus deinem Herzen Lichtstrahlen in ihr Herz aus, löse die Wolken auf und erfülle sie mit Freude. Atme ein, atme aus, und lass es los. Nun seid ihr beide frei.

Du magst zu dir selber sagen:

Mir wird gezeigt, warum ich dieses Geschehnis erschaffen habe in meinem Leben, und was ich daraus lernen kann.

Dann siehst du vielleicht Bilder davon, wie du diese Person in einem vergangenen Leben gekannt hast, wie du sie verletzt hast, und dass dieses ganze schmerzhafte Drama die Entfaltung einer großen Lektion für beide von euch ist. Es war etwas, in das ihr beide über eine Zeitspanne von mehreren Leben eingewilligt habt, es zu erleben, um mehr Selbst-Verständnis und Mitgefühl zu erlangen. Ihr wart beide Göttliche Wesen zu einer Zeit vor dem Abstieg in die Dualität, und diese Verwicklung miteinander dient einem höheren Zweck. Die Freude und der Schmerz, die Unwissenheit und die letztendliche Weisheit sind Teil der Dualität, die unser Wesen bereichert. Wertschätze die Reichhaltigkeit dieser Welt und die Lektionen, die du hier lernen kannst, und wisse, dass die Täuschungen und das Leiden sich am Ende auflösen zu Erleuchtung und ewiger Freiheit.

Während du diese Person betrachtest, siehst du, dass auch sie ein Kind Gottes ist, und du sagst zu ihr, „Ich segne dich, und gebe dich frei in die Arme deiner eigenen ICH BIN-Gegenwart. Ich lasse alles Beschuldigen los, allen Stress, und Schuldgefühle, die für keinen von uns beiden von Nutzen sind, und entlasse uns nun beide in die ewige Reinheit unseres Seins." Du kannst abschließen, indem du sagst und fühlst:

ICH BIN, ICH BIN, ICH weiß, ICH BIN die Gegenwart
des Lebendigen Gottes, die ICH BIN. Ich gehe jetzt voran,
völlig Rein und Vollkommen als eine Meister-Gegenwart un-

ter der Führung und dem Schutz der Aufgestiegenen Meister,
auf dem Weg der Güte und des Ewigen Lebens. So sei es!

Violette Tara-Praktik in aller Kürze

Wende deine Aufmerksamkeit nach innen und trete in einen Zustand nicht-dualen Bewusstseins ein.

Visualisiere die Violette Tara vor dir, wie Myriaden von Lichtstrahlen aus Ihrem Herzen und aus den Händen Ihrer ausgestreckten Arme hervorströmen.

Bitte Saint Germain, deine Visualisierung und Praktik zu ermächtigen.

Anrufung der Violetten Tara:

Geliebte Göttin, gebe Dein Violettes Feuer der Reinigung
durch mich frei und löse alles auf, das weniger als
Vollkommenheit ist.

Verschmelze mit der Violetten Tara und werde Sie. Meditiere über und wiederhole innerlich:

ICH BIN die Violette Tara.

Wiederhole Ihr Mantra, während du dein Einssein mit der Violetten Tara fühlst:

ICH BIN die Tara des Violetten Feuers.
ICH BIN die Reinheit, die Gott wünscht.

Übertrage Ihren Segen:

ICH BIN die Violette Tara, und ergieße meinen Segen,
wo immer es nötig ist. So sei es!

Löse deine Visualisierung auf, und kehre zurück zu wachem Bewusstsein.

Bitte die Violette Tara, über dir auf einer Mond- und Sonnenscheibe in einer rosa Lotusblüte zu sitzen, und bitte sie, an diesem Tag vor dir herzugehen, und alle zu segnen.

Bringe der Violette Tara deine Dankbarkeit zum Ausdruck. Wiederhole laut das Sankrit-Mantra aller einundzwanzig Taras (optional):

Om Tare Tuttare Ture Swaha (drei Mal)

KAPITEL XIII

Erfahrungen mit der Violetten Tara

Dies sind reale Erfahrungen von Menschen, die die Violette Tara in ihrem Leben angewendet haben. Einige Geschichten nehmen Bezug auf die Violette Tara-Facebook- Gruppe (Violet Tara Facebook Group), die Leute aus der ganzen Welt einschließt, und die eine wunderbare Gemeinschaft Praktizierender bildet.

An manchen Morgen werde ich von einer Welle Violetten Feuers aufgeweckt, von der ich weiß, dass sie von jenen von euch kommt, die in verschiedenen Teilen der Welt die Violette Tara-Praktik anwenden. Ich gehe am frühen Morgen nicht oft in Facebook, da ich die Energie nicht unterbrechen will; ihr könnt jedoch sicher sein, dass ich die Übungen mit euch mache!

– Peter Mt. Shasta

Heute war ich mit der Familie und mit Vorbereitungen beschäftigt, aber genoss es, Violette Tara-Affirmationen zu wiederholen, und sandte Violettes Feuer durch die ganze Erde zur ganzen Menschheit, in alle Dimensionen, Raum und Zeit. Es war schön. Es ist so unglaublich unterstützend, zu wissen, dass ich Teil einer Violette Tara Liebes-Gruppe bin.

– T.B.T., Island

Die Violette Tara erschien mir heute während der Meditation. Ich fühlte plötzlich grundlos eine große Traurigkeit, fuhr aber fort, anzurufen und um Ihre Hilfe zu bitten, mein mentales, emotionales,

119

physisches und spirituelles System von allen negativen Energien zu reinigen. Kurz darauf schien es, als hätte sich eine dunkle Wolke gehoben. Ich habe mich für den Rest des Tages großartig gefühlt.

– R.L., Kalifornien

Alles, was ich sagen kann, ist, oh, mein Gott!!! Es war FAN-TASTISCH!!! Ich weiß nicht, wie es euch anderen in der Gruppe geht, liebe Sangha, aber es gab etwas ganz Besonderes, was sich an diesem Morgen abgespielt hat. Es hat mich tief in meiner Seele bewegt. Peter war so strahlend, und als er seine wunderschöne Erfahrung mit der Violetten Tara mit uns teilte...ich kenne niemanden, der die Art von Segen, der durch ihn zu uns kommt, vermitteln kann. Die Strahlung in unserer Gesegneten Gruppe und die ENERGIE, die uns durch die Anwendung und Kenntnis der Großen Violetten Tara gegeben wird, ist unvergleichlich. Dessen bin ich mir sicher. Es tut mir leid, wenn ich wie ein Fanatiker klinge, aber ich bin überglücklich. Ich danke euch sehr, meine liebe Sangha, und Dank an dich, Peter.

– Z.V., Kalifornien

Ich habe das heute auf der Straße hier in Bali angewendet. Als ich heute das Violette Tara-Mantra anwandte, blieb es die ganze Fahrt (gute zwei Stunden) bei mir. Das geschah noch nie vorher, also auf jeden Fall ein guter Anfang. Das Violette Tara-Mantra kam, um dauerhaft zu bleiben. Ich liebe es!

– S.A., Bali

Hallo, ihr Lieben...Ich muss eure Energie gefühlt haben, denn ich dachte plötzlich an die Violette Tara, und tat, was Peter vorgeschlagen hat, ich rief Sie still an, und sandte Violettes Feuer durch die ganze Erde. Als ich zum Auto kam und auf die Uhr schaute, war es genau die Zeit, als ihr meditiert habt. Wie schön ist es doch, so in Schönheit, Segen und Liebe verbunden zu sein! Ich beginne nun die Meditation, und freue mich auf unsere Welle des Violetten Feuers am Samstag!

– T.B.T., Island

Ich bin nachts aufgewacht, weil ich Kopfschmerzen hatte, rief aber die Hilfe der Violetten Tara an, diese zu zerstreuen. Kurz darauf vergingen meine Kopfschmerzen, und ich schlief wieder ein. Bei einer anderen Gelegenheit stand ich zwei negativen Individuen gegenüber. Es stiegen bei mir negative Emotionen auf. Ich rief die Violette Tara um Hilfe an, die Wut und Negativität aufzulösen. Meine Emotionen begannen sich zu stabilisieren, und ich überstand diese giftigen Menschen unbehelligt. Meine Frau war sehr beeindruckt, dass ich auf die Situation nicht reagierte.

– R.L., Kalifornien

Ich war in einem Einkaufszentrum einkaufen, und dieses Mal war alles ganz anders als jemals zuvor. Als ich durch die Hallen ging, segnete ich innerlich jeden mit dem Violetten Feuer und ich fühlte die Energie durch mich und um mich strömen. Ich fühlte mich völlig abgeschirmt von störenden Energien. Ich beendete meinen Einkauf, ging hinaus und fühlte keine Ausgelaugtheit oder Erschöpfung, was für mich neu ist. Welch eine wunderbare Veränderung.

T.B.T., Island

Ich war kürzlich an einem beängstigenden Tiefpunkt angelangt, aber erfuhr eine erstaunliche Wende, nachdem wir die Gruppen-Meditationen anfingen.

– R.O., Trinidad & Tobago

Vielleicht warst du es, Peter, der für mich die Flamme angezündet hat. Sie ging plötzlich an. Danke! Als das passierte, loggte ich mich ein, und sah, dass die Meditation für den Tag gerade angefangen hatte. Wie wunderbar, dass wir alle so miteinander verbunden sind, und aufgetankt werden.

– A.K., USA

Peter hat wunderschöne und kraftvoll geführte Meditationen in seinen Sonntags-Webinaren gegeben. Ich hatte etwa eine Woche lang ein Problem mit Schmerzen am ganzen Bein. In der vergangenen Nacht war es besonders schlimm, als mir Peters Geschichte über das Anrufen der Violette Tara um Hilfe bei Zahnschmerzen einfiel, sodass ich beschloss, die Violette Tara-Übung zu machen.

Ich folgte der Aufzeichnung der Praxis des Sonntag-Webinars Nr. 3, bei dem uns Peter führte, das Violette Feuer für Hauptstädte und andere Städte anzurufen. Ich unterbrach das Hören der Aufzeichnung, und visualisierte Heilung für meine Hüfte und das Bein. Als Violette Tara visualisierte ich Heilung für alle Menschen, die an ähnlichen Problemen leiden, wie Violettes Licht in Ihre Körper geht. Während ich das aufrechthielt, wiederholte ich das Violette Tara-Mantra: „ICH BIN die Tara des Violetten Feuers. ICH BIN die Reinheit, die Gott wünscht."

Ich hörte weiter die Aufzeichnung, und schlief die Nacht durch ohne Schmerzen. Ich wachte auf, und fühlte mich in der rechten Hüfte sehr entspannt. Ich fühle, dass diese Praktik sehr kraftvoll ist. Sie hilft mir, meine ICH BIN-Gegenwart voller zu erleben.

– A.R., Colorado

Ich bin so dankbar für die Lehren von Saint Germain, und wie sie zum Guten auf mein Leben eingewirkt haben. Ich möchte meine

122

kürzlichen Erfahrungen mit dir teilen, seit ich die Violette Tara-Praktiken aus deinem Buch und den Webinaren begonnen habe.

Ich hatte seit vielen Jahre Heilung von verschiedenen Schmerzen und chronischen Krankheiten durch unterschiedliche Behandlungsverfahren (Diäten, Workshop Heiler, Körperarbeit, etc.) gesucht. Es schien jedoch so, dass nichts davon den Ursachen wirklich auf den Grund ging.

Nach dem Praktizieren der Violetten Tara-Meditation und der Teilnahme an deinen wöchentlichen Webinaren bemerkte ich insgesamt eine Veränderung meines mentalen und emotionalen Zustandes. Manchmal bin ich überwältigt von Liebe und Akzeptanz der ganzen Menschheit und jedem, dem ich während meines Tages begegne. Ich weiß, die Violette Tara arbeitet mit mir auf vielen Ebenen. Ich sehe nun vergangene Ereignisse durch eine andere Linse, eine der Liebe und Vergebung.

Es hat mich traurig gestimmt, von meinen Kindern zu erfahren, dass ihr Vater nach vielen Jahren noch immer wütend auf mich ist. Ich weiß, dass sie das schmerzt. Jedoch hatte ich nun trotz meiner Ängste den Mut, das Richtige zu tun, und ich bat die Violette Tara während eines Treffens mit ihm, dabei zu sein.

Ich bin erstaunt darüber, wie liebevoll und annehmend der Austausch zwischen uns vonstatten ging. So offen und ehrlich waren wir nicht mehr, seit wir uns zum ersten Mal getroffen hatten. Ich sagte ihm, wie leid es mir tut, wie die Dinge endeten, und für die schmerzhaften Dinge, die ich getan hatte; und ich bat ihn um seine Vergebung. Ich dankte ihm dafür, dass er ein guter Ehemann und Vater für unsere Kinder war. Wir sprachen überraschenderweise eineinhalb Stunden lang, und er konnte nicht gütiger und liebenswerter sein. Wir teilten unsere Verletzungen und Fragen auf eine freundliche und liebevolle Art und Weise, und wir umarmten uns.

Ich kann euch nicht sagen, welch eine Erleichterung ich nun fühle ohne eine solche Last auf meinem Rücken. Ich fühle Hoffnung, dass sich die Dinge zwischen uns verbessern werden und die Beziehung mit den Kindern. Als ich meiner Tochter von dem gestrigen Treffen erzählte, weinte sie unkontrollierbar Tränen der Freude.

Ich glaube, das ist das fehlende Glied in der Heilung meiner physischen Beschwerden, mit denen ich noch immer zu tun habe, und dass sie nun leichter verschwinden.

Ich bin dir, Peter, so dankbar, dass du diese Lehren mit der Welt teilst. Sie waren entscheidend dafür, dass ich mein Herz weiter öffnete. Ich freue mich darauf, bei deinen künftigen Webinaren weiter mitzumachen.

– Webinar-Teilnehmer, USA

Wunder der Vergebung von der Violetten Tara!

Eine Woche vor dem ersten Violette Tara-Webinar kam während der Meditation eine Kindheitserinnerung hoch, die sehr erschütternd war. Dadurch fühlte ich viel Wut, und ich wollte nicht vergeben.

Das erste Violette Tara-Webinar mit Peter war so schön und kraftvoll, dass ich nach dem Webinar die ganze Nacht bis in den Morgen hinein in der Violetten Tara-Energie blieb, und über die Violette Tara meditierte und wiederholte: „ICH BIN die Violette Tara der Vergebung."

Ich brachte die ganze Wut und die Erfahrungen hinein, die ich vergeben musste, und auch die Notwendigkeit der Selbst-Vergebung. Ich verblieb in der Violette Tara-Energie und wiederholte weiter: „Ich bin die Violette Tara der Vergebung."

Als ich am Morgen aus der Meditation ging, war alle Wut und aller Groll gegen andere und mich ganz verschwunden, und ich konnte

124

nur noch Liebe fühlen.

Nun fühle ich nur Liebe.

Danke Peter und Violette Tara, für dieses wunderbare Geschenk der Vergebung und Liebe. Vier Monate nach meiner ursprünglichen wunderbaren Erfahrung der Vergebung mit der Violetten Tara, die all meine Wut und meinen Groll gegen andere und mich in Liebe umgewandelt hatte, habe ich jetzt eine neue tiefgreifende Erfahrung.

Nachdem ich mein Leben lang den tiefen Glaubenssatz hatte, „nicht liebenswert zu sein", fühle ich nun wunderbarerweise tatsächlich, Geliebt zu sein.

Ich bin immer freundlich und liebevoll gewesen. Ich habe immer Liebe für andere und Gott gefühlt, aber zuvor war ich nicht fähig, Liebe zu empfangen. Ich war nicht fähig, die Liebe zu erfahren, die zu mir kam.

Nun fühle ich mich geliebt – von Gott, von den Meistern, von den Engeln, von meinen Kindern, von meinen Enkelkindern, von meinen Freunden, von der Luft, die ich atme.

Viele Jahre lang habe ich auf meinem Spirituellen Weg gewusst, dass Gott Liebe Ist, und dass wir Gottes Liebe sind – aber nun bin ich wirklich eingebunden in den Empfang dieses wunderbaren Stromes der Liebe, der zu mir kommt und durch mich geht. Ich bin ewig dankbar.

– J.D., Kalifornien

Die große Violette Tara ist der Mutter-Aspekt der Schöpfung, wie durch die Aktivität der Violetten Verzehrenden Flamme ausgedrückt...Sie als meine Mutter anzunehmen, hat einige kraftvolle Gefühle aufgewühlt. Diese Gefühle waren nicht alle angenehm, aber ich erkenne, dass dies ein notwendiger Teil meiner Reinigung ist. Ich lerne gerade, der Zuschauer zu sein, statt der Akteur, der in dem Drama gefangen ist.

Meine Mutter und ich haben immer heftig gestritten, aber ich habe gelernt, auf ihr gelegentlich übellauniges Temperament nicht zu reagieren.

Nun stelle ich fest, dass ich getrennt bin von ihrer Wut, durch die Gegenwart und das Mitgefühl der Großen Violetten Tara. Ich fühle mich geliebt und, wahrscheinlich das erste Mal in meinem Leben, fühle ich mich versorgt. Ich habe schließlich begonnen, eine Idee von Frieden zu bekommen.

Danke, geliebter Saint Germain und geliebter Peter Mt. Shasta, diesen Aspekt der Göttlichen Mutter in unsere Leben zu bringen.

– Z.V., Kaliformien

Gestern merkte ich, dass ich mir bei uns im Büro eine schlimme Erkältung eingefangen hatte. Mein Kopf und mein Körper fühlten sich an, als hätte ich erhöhte Temperatur. Ich befürchtete, dass es mehr sein könnte als eine Erkältung, und ich fühlte mich niedergeschlagen. Ich machte die Anrufung, indem ich meine Augen schloss und die Violette Tara vor mir visualisierte. Ich bat meine ICH BIN-Gegenwart, die Violette Flamme durch mich zu wogen, und nach mehreren inneren ICH BIN-Affirmationen fühlte ich das Wunder des Violetten Lichts durch mich wogen, und meinen Körper, meinen Geist und meine Gefühle reinigen. Nun ist alles wieder in Ordnung und ich fühle mich großartig.

– S.S., Toronto

Das Unbefleckte Herz von Maria